高职院校德育课程教学改革与实践

邓 力 ◎ 著

中国纺织出版社有限公司

内 容 提 要

本书从高职院校德育教学的方针、原则、方法和实现路径入手，全面概述了德育教学的基础框架，还提出了高职院校德育教学的愿景、任务与目标，为高职院校德育课程教学改革提供了坚实的理论基础。本书详细探讨了德育课程的改革策略，包括依托心理健康教育、分层教育、感恩教育和素质拓展训练等教育方法来提升高职院校德育水平及德育教育体系的整合创新。同时，分析了新媒体视域下德育指导理念、方法和形式的创新。最后，介绍了德育实践在多元化背景下的创新途径。本书旨在为高职院校德育教育工作者与教育管理者提供理论指导和实践参考，以推动高职院校德育教学的改革与发展，从而培养具有良好职业道德和社会责任感的高技能人才。

图书在版编目（CIP）数据

高职院校德育课程教学改革与实践 / 邓力著.
北京：中国纺织出版社有限公司，2024.11. -- ISBN 978-7-5229-2268-3

Ⅰ．G711

中国国家版本馆CIP数据核字第2024WW7086号

责任编辑：段子君　杨宁昱　　责任校对：高　涵　　责任印制：储志伟

中国纺织出版社有限公司出版发行
地址：北京市朝阳区百子湾东里A407号楼　邮政编码：100124
销售电话：010—67004422　传真：010—87155801
http://www.c-textilep.com
中国纺织出版社天猫旗舰店
官方微博 http://weibo.com/2119887771
天津千鹤文化传播有限公司印刷　各地新华书店经销
2024年11月第1版第1次印刷
开本：710×1000　1/16　印张：11
字数：159千字　定价：99.90元

凡购本书，如有缺页、倒页、脱页，由本社图书营销中心调换

前 言

在当今这个飞速发展的时代，职业教育作为国家技能型人才培养的重要阵地，承载着培养高素质技术技能人才的历史使命。随着社会经济结构的深刻变革与产业升级的加速推进，高职院校不仅需要注重专业技能的培养，更需重视学生的思想道德素质与综合素养的全面提升。德育作为塑造学生价值观、世界观和人生观的关键环节，其重要性日益凸显。面对新时代对人才的新要求，高职院校德育教学面临着前所未有的挑战与机遇，迫切需要进行深入的教学改革与实践探索，以适应多元化、信息化的社会发展趋势。

本书旨在深入探讨和分析高职院校德育教学的现状、问题与出路，提出了一系列针对性强、操作性好的改革思路与实践方案。全书围绕高职德育的核心价值与目标，从理论与实践两个层面展开，既宏观审视了德育机制构建、教学方法创新、课程体系改革等关键议题，又微观聚焦于实践教学、社团与社区德育、师资队伍建设等具体实施路径。同时，针对新媒体环境下的德育新特点，本书特别强调了新媒体技术在德育工作中的应用与创新，力求在多元化的教育背景下，探索出一条符合高职院校学生特性的德育实践创新之路。此外，本书还充分考虑了互联网时代、大众化教育及校企合作等外部环境因素，提出了诸多具有前瞻性和实操性的策略建议，以期为高职院校德育工作的优化与升级提供有力的支持。

我们深知德育工作的复杂性与长期性，以及理论研究与实践探索的艰巨性，在本书写作的过程中，虽力求全面而深入，但鉴于笔者的学识与经验有限，书中难免存在疏漏与不足之处，恳请各位读者批评指正。期待本书能成为高职院校德育工作者的一盏灯塔，为他们提供参考与启发，同时也希望能激发更多关于德育教学改革与实践的思考与讨论，共同推动我国高职教育事业迈向更高的台阶。

著者

2024 年 7 月

目 录

第一章 高职院校德育教学概述 ························· 1
 第一节 高职院校德育教学方针 ························· 1
 第二节 高职院校德育教学原则 ························· 9
 第三节 高职院校德育教学方法 ························ 17
 第四节 高职院校德育教学的实现路径 ···················· 22

第二章 高职院校德育机制探析 ························· 28
 第一节 职业自觉是高职院校德育的愿景 ·················· 28
 第二节 素质提升是道德教育创新的任务 ·················· 38
 第三节 全面发展是高职人才培养的目标 ·················· 51

第三章 高职院校德育教学创新实践 ····················· 56
 第一节 高职德育实践教学的探索与创新 ·················· 56
 第二节 高职学生社团德育的探索与实践 ·················· 61
 第三节 高职学生社区德育的探索与实践 ·················· 65
 第四节 高职德育师资队伍的建设 ······················· 72

第四章 高职院校德育改革的实践 ······················· 83
 第一节 依托心理健康教育提升高职德育水平 ··············· 83

第二节　开展分层教育与感恩教育……93
　　第三节　利用新媒体开展思想道德教育……102

第五章　高职院校德育课程改革创新……107
　　第一节　高职院校德育课程改革创新策略……107
　　第二节　高职院校德育教育体系整合创新……119

第六章　新媒体视域下高职学生德育教育创新……131
　　第一节　新媒体视域下高职学生德育创新的重要性……131
　　第二节　新媒体视域下高职学生德育指导理念的创新……137
　　第三节　新媒体视域下高职学生德育方法、形式的创新……141

第七章　多元化背景下高职院校德育实践创新……147
　　第一节　互联网时代高职院校创业学生德育途径……147
　　第二节　大众化教育背景下高职院校德育方法创新……152
　　第三节　校企合作背景下高职院校德育工作创新……155

参考文献……168

第一章　高职院校德育教学概述

第一节　高职院校德育教学方针

一、德育实践教学方针起源

鉴于目前高职院校德育的丰富性，以及道德精神的延展性和动态变化性，德育教师需要一个简洁易行的德育实践教学的指导方针，使德育实践教学由浅入深、由表及里地得到贯彻落实，从而促使德育思想在贯彻实践的同时，上升为刻骨铭心的道德精神。因此，"以身作则，循循善诱；知行合一，循序渐进"的德育实践教学指导方针被正式提出。

二、德育实践教学方针及内涵

（一）以身作则，循循善诱

在德育教育过程中，德育教师本身就是一个充满情感的、鲜活的德育教育资源，教师在讲台上的所有举动尽收学生眼底。教师若衣着得体、举止优雅、谈吐文明、落落大方，就能很快被学生接受。教师若在各类活动的组织过程中身先士卒，学生就能紧随其后，积极配合教师的工作；教师若在活动中指手画脚，说完就走，学生则将随后就走。在学校和班级的层面上，德育教育似乎由于社会规范而得到强化，这种社会规范重视对理解的探求，给学生（还有教师）犯错误的机会。因此，学校德育以德育理论课程为主渠道，学生的德性培养在于校园的日常生活，包括教师在学生面前的所有言谈举止。同时，在德育建设中，也应允许教师犯错误，因为人类就是在无数次失败中获得进步的。

在"四德"（家庭美德、职业道德、社会公德、个人品德）中，家庭美德的学习主要是靠父母，周围人的行为也会对孩子产生影响；职业道德的学习包括多个方面，在学校可以见师德，在家庭中可以学习家长（家长对子女的道德影响是终身的），在单位可以学习同事，还可以学习领导；在社会公德层面，学生受社会环境的影响很大，整个社会风清气正，正能量得到张扬和扶持，就会引导人们树立良好的社会公德；个人品德则建立在以上诸多方面的德育学习大环境的基础之上。

因此，教师以身作则是德育实践教学能够扎实开展的前提和基础。教师面对不同的学生，他们需要有接受彼此的心理调适和准备过程。德育教师可以通过教学、布置作业的方式，进入学生的心理空间，从而多了解他们。例如，在了解学生家庭的基本情况后，教师可以布置"我的家乡、我的爹娘"主题作文作业，教师已经考虑到这类作业或许会伤害单亲家庭或失去父母的学生，以及家庭环境更加复杂的学生，但人生必须学会面对，任何回避都是暂时的躲避，能直面和正视人生，才能健康地成长。该类作业会使教师更加深入地了解了学生的家庭背景，对需要进行心理安抚的学生可以精心地作出批注，如果学生需要的话，还可以进行个别交流。

德育教师的理论知识教学固然重要，但德育的真谛是教给学生一种德育思想、德育思维方式和德育思维能力，而非德育理论知识本身，至于德育理论，需要学生在社会生产和生活实践中循序渐进地品味，逐渐地认识、提升。因此，道德的"修"，无论是在家庭、学校还是在社会，都是有阶段性的，但道德的"养"需要用一生的时间，"修"而不"养"则难"成"，养成了，则成功、成才、成人。因此，德育教师的"教"不同于其他教师的"教"。在课堂上，教师的言行就是一种极佳的教具，教师以身作则，精心组织教学，细心批注作业，在三尺讲坛上持之以恒，对教育事业脚踏实地、忠心耿耿、热爱和尊重学生、学而不厌、诲人不倦，在教学方式上由表及里、由浅入深、循循善诱，自然就能取得良好的德育效果。

（二）知行合一，循序渐进

知行合一是由明代思想家、教育家王守仁提出的。知行合一是一种境界，它完成了从隋唐以来儒、道、释三教思想融合、超越和升华的历史使命，使理学体系达到了顶峰。知行观是中国哲学中出现较早、贯穿认识论的一种重要理论。"知之真切笃实处即是行，行之明觉精察处即是知。""知"有知识、认识的意思，强调人的活动是有目的、有意识的，即王守仁所说的"致良知"，要使人的主体与客体联系起来，则要"求理于吾心"，即"知行合一"，做到身体力行，知一行一，知行转化，以达统一。王守仁认为，知和行是不能分离的，知是行之始，行是知之成。

从哲学上看，"知"属于认识的范畴，是主体对客体观念的把握；"行"属于实践的范畴，是主体对客体的物质活动。辩证唯物主义认为，实践是认识发展的源泉和动力，又是认识发展的最终目的和最高归宿，而认识又反过来能指导实践，为实践服务，对实践产生重大影响。在知行关系上，教育家陶行知明确指出：知来源于行而又指导行。这句话中的后一个"行"是指有理论指导的"行"，是达到更高境界的"行"。就德育而言，需要从"源于行"的"知"入手，进行由浅入深的教学研究和探索，才能将"源于行"的"知"给学生讲深、讲透、讲明白。因为，所有的"知"都建立在人类长期的社会生活或生产实践的基础上，是一个"实践—认识—再实践—再认识"的循环往复的过程。如果背离了"实践"直接进入对"知"的认识，原本鲜活的教学过程就变成从书本到书本、从理论到理论的机械、枯燥的教学过程了。此外，德育教师的知识造诣、人格魅力、责任感和教学能力本身就是一种德育教育资源，这种教育资源具体、鲜活而生动地体现在教师的言行中，并深刻地影响和教育着学生。教师的"行"是学生的一面镜子，而学生的"行"也是教师的一面镜子，在德育教师抱怨学生的时候，反映的是教师自身教学过程的问题。在这方面，从高职院校进行的"知行"讲坛、专业课实践教学融合学生职业素质教育、辅导员的班级管理和学生社团活动，以及德育实践教学的探索等效果看，绝大部分学生对学校安排的各类有针对性的专题讲座给予了肯定，并希望多进行这些方面的活动；他们认为专业课实践教学融合职业素质教育的方法可行，对自身影响深刻；他们对辅导员的班级管理量化赋分和围绕专业进行的企业化班级管理等德育实践尝试给予肯定；他们对德育教师利用网络，对热点、焦点问题进行案例分析和课堂讨论的方法给予肯定。

"知行合一"中"知"是前提，"行"是落脚点，从"行"入"知"，从易到难，由浅入深，方得真知。由"知"到"行"是一个需要精心传递、耐心培育、循序渐进的过程，是一个对"知"的逐渐学习、体会，然后行动的过程，不能有半点的虚伪和急躁，没有捷径可走。因此，需要高度重视德育过程中"循序渐进"的重要意义，无论是教师的师德建设还是学生的德育建设，都不能搞"一阵风"似的教育，家庭、学校、社会都需要坚持不懈，常年进行观察和引导。就家庭而言，家长是孩子的第一任德育教师；就学校而言，每位教职员工都是学生的老师，尤其是在学生刚入学的时候，面对全新的生活、学习环境，学生会先入为主。例如，学校的卫生环境很好，学生就"不好意思"随地乱扔果皮纸屑等；反之，就会出现"破窗效应"，当管理不能及时跟进时，会形成很多问题，出现积重难返的被动局面。因此，学校德育应从大处着眼、从小处入手，循循善诱，循序渐进，认真分析学生的性格特征、家庭生活及背景等实际情况，因人而异，因材施教，精心细致地制订好每个阶段的德育计划，并切实抓好落实。

《左传·昭公十年》中提到过的"非知之实难，将在行之"说的就是这个道理。因此，需要用"不积跬步，无以至千里；不积小流，无以成江海"的道理引导德育教师成为有耐心、有学术造诣、有人格魅力、有使命感和责任感、有教学能力的受学生欢迎的教师，引导学生"勿以善小而不为，勿以恶小而为之"，使学生成为努力追求知行合一的境界，在人生的每个阶段都能自省、自勉，脚踏实地的人，成为有修养意识、有学习能力、有职业素质、有责任担当、有理想、有道德的人。因此，德育不只是教师的工作，需要从家庭就开始培育孩子的道德意识和德行，在学校则需要全程德育、全员德育、全面考核，这样才能使学生知行合一，全面发展。

三、德育实践教学方针的延伸性与拓展性

马克思认为："人的本质并不是单个人所固有的抽象物。在其现实性上，它

是一切社会关系的总和。"马克思主义关于人的本质的科学表述，说明了人的本质的社会性和综合性。同时，每个人从出生起，就受到生长环境的影响，也打下了时代的烙印，无论是人的素质的全面发展，还是人的能力的全面发展，都离不开社会大时代和大环境的影响。因此，德育实践教学也不能背离这个方向。德育实践教学中的两个主体是教师和学生，他们的学习、生活和教与学都是在开放的状态下进行的，这是由社会经济进步、高科技的通信手段和发达的网络导致的。高科技是一把双刃剑，它在丰富教学手段和教学方法的同时，也让无数师生陷入网络结成的"玫瑰陷阱"。教师在网络世界中应能做到走进去出得来，摄取大量的知识，获得丰富教学内容和方法的宝贵资源；若走进去出不来，就会被卷入信息网络的旋涡中，独自徘徊。学生如果没有自省、自觉和自我节制的意识，走进去出不来，就会沦为"网虫"，甚至出现极端的行为。

德育实践教学最终要走向社会生产和生活，因此教师必须建立开放的视野。对学生的德育，向前要追溯到学生的家庭，当下要全面把握学生在校期间的生活学习和身心健康，向后要贴近社会经济发展、科技进步等。要做好教育和引导的全面策划和科学设计。做好策划设计的前提是要了解社会，这就要求教师建立终身学习的自觉性。因为社会经济发展迅速，网络的发展不可阻挡地渗透我们每个人的生活空间中，尤其是在每个人都成为"新闻发言人"的自媒体时代，待在家里就能"运筹帷幄于千里之外"，教师掌握的情况，学生也能同时掌握，教师与学生常常会就同一个问题产生思想认识的碰撞，教师只有把握更多相关知识，才能就同一问题和学生展开充分的讨论，让学生在网络世界里既能走进去，也能及时抽身跳出来。

在开放的国度、开放的时代，在多样化和多元化的社会经济生活中，各种新鲜事物不断地撞击着人们的精神世界，不断地调整和改变着人们的思维方式。教师首先要提升能够清醒而勇敢地走向社会的能力，只有这样，德育实践教学才能向社会延伸和拓展，这是德育教学时代发展的必然和特征。同时，教师还要有在开放的社会中筛选有效教学素材的能力，掌握学生关注和聚焦的社会问题，结合德育课程进展情况，将问题与教学计划有机地融合，通过对教材的深刻把握，采用案例分析或师生共同研究的方式将问题说清，将道理说透。

必要的话，教师可以给学生留出继续探索和研究的空间，但这种探索和研究必须是在教师正确的引导下进行的、有正确方向的研究。

综上所述，德育理论教学的时间是绝对的，有一定的教学课时，有一定的教学地点，如教室或讲堂等；德育实践教学的空间则是开阔的，可以通过学生在校生活、学习的任何角落体现出来，即便是文体活动，也是"醉翁之意不在酒"，而是通过各类活动，锻炼师生的协调、组织等方面的能力，观察学生的纪律与文明情况，观察学生友爱、互助和协作等方面的能力。

四、德育实践教学方针指导德育实践教学研究的可持续性

"以身作则，循循善诱；知行合一，循序渐进"的德育实践教学方针，对德育实践教学研究具有一定的指导意义。德育实践教学方针充分地考虑了德育教学过程中的两个主体。在后现代教育思潮的影响下，人们常纠结于两个主体中何者为先的问题，在德育实践教学方针中，则明确地将教师的"以身作则"放在首位，这也同时确立了教师在教与学两个主体中的主导作用。在目前的德育教学课程安排上，《思想道德修养与法律基础》教材在第一节中就设计了大学生"适应人生新阶段"的一系列入学教育，该门课大部分都在新生入学的第一个学期授课，这样的设计是科学、合理的。因为目前很多大学生虽然个性强，但处理个人生活的能力不强；大部分学生在家时都有自己独立的生活、学习空间，与他人的融合需要教师及时引导；大学生的学习方式也发生了很大的变化，从小学到高中毕业，来自家长和教师的全程关注突然没有了，"解放"后的学生如果没有得到及时引导，就容易彻底地"放松"到"网络世界"中而不能自拔，这样的案例是不鲜见的。这个阶段的学生有的因为生活自理能力弱，但一切又需要自己打理而焦虑，有的因为陌生的集体环境而纠结，有的因为宿舍中的集体生活或起居的生物钟差异而无奈，也有的因为面对全新的学习生活而不知所措。因此，入学第一个学期，尤其是前两个月对学生的必要关注和及时引导是十分重要的。此时，一名好的、优秀的德育教师应当理解自己的身份是一名教师，但又不仅仅是一名教师，还犹如

一盏灯，教师的高度决定了你能顾及多少学生的感受；教师的深度决定了你能否进入学生的内心世界；教师的宽容随时都在调适着学生的心态；教师的言谈举止直接反映着教师自身的道德修养、职业素质和职业素养……德育教师所肩负的责任和义务是法定的，更是由教师自身的使命感和责任意识决定的，是最不敢、最不能放松和懈怠的，其职责和义务是紧密地联系在一起的。教师在道德修养方面是学生的正面、直观、明亮的镜子。教师用不友好的眼神扫视学生，学生就会以不屑的眼光予以回报；教师热爱本职工作，满腔热情、温文尔雅、文明有礼地对待每位学生，他们也会以文明有序的课堂秩序予以回馈。反之，学生也是教师的一面镜子，教师在抱怨学生课堂纪律有问题、不尊重教师、作业完成得不认真的时候，需要用逆向思维的方式，反思一下自己的言行，如是否严格遵守了课堂纪律、按时上下课，是否尊重和爱护了学生，是否认真地对待、关注和批注了学生的作业等。这种关爱和被关爱如同力学的作用力和反作用力一样，是有付出才有回报的。因此，教师要"以身作则"，在把握德育理论教学的同时，加强自身的修养，让"知行合一"的道理首先体现在自己的言行和教学过程中，再去教育、引导学生，德育就是一个自然而然的过程了。

"学而不厌，诲人不倦"，在一名优秀的德育教师眼中，"学而不厌"不是针对学生的，而是直面教师自身的。在科技和经济社会迅猛发展的今天，知识大爆炸是众所周知的，无论是学生还是教师都应当是"学而不厌"的主体，此时的教学主体是同位的，教师肩负着时代赋予的教育使命，必须有终身学习的自觉性。经济社会发展越迅速，越需要学习，这是教师的义务和职责。而学生的学则是在教师主导下的学。教师确立了终身学习意识，就会关注社会焦点和热点问题，紧扣教材主题，言传身教地和学生一起进行探索和研究，寓教于学，教学相长，相得益彰。所谓"循循善诱"，是建立在"诲人不倦"的基础上的。一名优秀的教师是在良好的家庭、学校和社会教育氛围中渐渐培养出来的，教师要有爱心、细心、精心，还要有耐心，持之以恒，就一门课程深入探究，经年累月，必将取得令人满意的成果，而最大的成果就是学生对德育课程的认可。

此外，无论是德育理论教学还是德育实践教学，都要求教师具有慎独的意识，具有崇高的道德情操和道德精神。在德育教学过程中，德育教师要时刻牢记党的教育事业宗旨，在教学的过程中要言行谨慎，恪守师道和师德。为师之道在于为学生解惑释疑；为师之德在于忠于职守，忠诚于党的教育事业，以个人崇高的精神境界和文明的言行，引导学生健康发展。在现实社会生活中，媒体频频曝光一些道德问题，这些展示在师生面前的问题，既是社会客观存在的问题，又是德育教师结合教材进度、把握问题，循循善诱地引导学生逐渐走出迷惑，树立正确世界观而能够解决的问题。德育教师自己要明白，同时也要让学生明白：目前我国的社会在经济迅速发展的同时法治也在不断健全，德与法仅一念之差，因此还应密切关注社会科技进步、经济发展和人类生活多元化带来的道德问题、社会问题、人们的心理健康问题等。因此，对于社会频频曝光的一些"道德问题"，德育教师不能同其他人一样，人云亦云地将一些社会问题、心理问题和法制不健全的问题一股脑地简单归咎于道德问题。德育教师应该有独立的辨析、分析和研究的能力，必要的话，可针对学生关注的问题进行分析和研究。

总之，德育教师应当清醒地意识到，社会生活中频频出现的"道德问题"也是社会进步和发展中自然产生的问题，是发展中的问题。问题能够被意识到，并被媒体提出来就是社会的进步。改革开放以来，在社会经济迅猛发展的同时，人们的竞争压力、工作压力、社会压力越来越大；近年来，随着城市化的推进，社会建设和管理中也出现了很多新问题，但即使是发达国家，也经历了发展过程中的一系列社会问题。通过法律和社会舆论的讨论，社会就会以一种机遇性和偶然性的方式来调整和形成它自身。但是通过教育，社会却能够明确地表达自己的目的，能够组织自己的方法和手段，进而明确地、有效地朝着它所希望的目标塑造自身。媒体对社会发展进程中出现的道德问题的关注和披露，恰恰又是社会公共道德和社会文明的进步。在开放的国度和多元化的社会生活背景下，如果公众对于类似的社会问题和道德问题麻木不仁，才是一个社会的悲哀。

由于社会舆论对道德的监督和制约机制，很多社会问题经常以道德的形式，通过舆论的手段展示给大众，极大地丰富了德育理论和德育实践教学的内容，德育教师要在德育实践教学过程中，紧密联系社会生活实践，结合学生的德育实践教学，进行深入的、科学的辨析、分析和研究。因此，丰富的社会德育内容和广阔的德育实践教学平台，必将为德育教师的德育实践教学研究提供开阔的视野，也必将引导学生在逐渐深入剖析各类问题的实质内容后，获得道德精神的真正体验。

在整个德育实践教学中，教师是一面镜子，也是一个靶子。是镜子，所以学生能从教师身上看到自己的影子；是靶子，如果教师不能遵守师德、恪守为师之道，必将引起学生的强烈不满而成为被嘲讽或唾弃的对象。因此，要想培育理论与实践有机结合的高等职业院校的学生，教师自身必须首先进行知行合一的自我完善，在德、智、体、美方面完善自己。教师要具备优秀的教学能力，建立终身学习的意识，与学生一起学习、成长，尤其是德育教师，应具有师生互为人师的意识，和学生融为一体，不断地从社会生活中汲取道德精神的养料，不断地提升教学能力和教学水平。在这个基础上，教师的教学才能让学生感到"好吃"，才能让学生"吃饱"，"循序渐进"的教学模式才能最终实现。

第二节　高职院校德育教学原则

由于德育实践教学尚处在摸索阶段，根据对德育教学和学生管理情况文献的分析，可建立以下原则：准确定位原则、系统整合原则、知行合一原则、教学互动原则、因材施教原则、遵循自然原则、终身学习原则、社会参与和反哺社会原则、全员参与和全面发展原则。

一、准确定位原则

多年来，由于社会生活的多元化，道德问题也不断地出现，引起社会对学校德育的问责。因此，高职院校要准确定位德育实践教学的作用和适用范围。这里涉及三个方面：一是要对高职院校德育的局限性有清醒的认识；二是对高职德育要有冷静的判断；三是要充分发挥高职院校专业实践教学面向社会生产一线的优势，做好德育实践教学的系统规划。

首先，只有对高职院校德育有科学的认识，才能把握时机，将德育实践教学适度地向学生家庭、社会延伸。学生的在校时间是有限的，而人的道德建设是由环境和意境因素决定的，有着极大的变动性，因此，学生在学校每个阶段的德育都不能放松。而现实情况是，从小升中、中考到高考，中小学生客观上持续地、长时间地面对着巨大的升学压力，德育被严重边缘化了。素质教育开展了三四十年，中小学生依然在中考和高考的"纤绳"上荡悠悠。家长自然是重视学生的艺术技能培养、特长训练和成绩，各个中小学校在巨大的升学压力下也不得不全面关注升学率。在这种状况下，高职院校德育必须对自己的德育局限性有一个客观的认识，并积极探索，突破限制。例如，与学生家长合作，让学生家长参与学生家庭美德、职业素质和社会公德等内容的教育。因为对学生进行德育教育，家长有着不可推卸的责任，家长参与德育教育可以极大地拓展德育空间，丰富德育的内涵。

其次，无论社会如何喧嚣，对高职德育都要有冷静的判断，尤其是对社会上出现的道德问题，要冷静地分析和研究，弄清究竟是道德问题还是法律问题，是社会问题还是心理问题，是学校教育问题还是其他问题……总之，要冷静和理性地进行分析和判断，引导学生正确认识和把握问题的实质，而非片面地一边倒，引起不必要的思想混乱。

最后，发挥高职院校专业课实践教学面向社会生产一线的优势，将德育实践教学与专业课实践教学有机融合，让专业课程与德育理论学习融合在一起。在巩固理想信念教育的同时，提高专业课学习的主动性和自觉性；在加强专业技能的同时，加强学生的职业道德和职业素质教育。从而真正做到德能双修、和谐发展。因此，高职院校德育实践教学的准确定位是非常重要的，定位准确才能达到事半功倍的效果。

二、系统整合原则

以往的德育与专业课教学是相互剥离的，似乎德育就是德育教师的职责。很多高职院校并没有将德育渗透进专业课中，而是将德育与专业教学机械地分类、分裂开来，讲专业课程的只顾讲完专业教学计划就行了，至于学生的学习主动性、课堂纪律，以及学生是否热爱本专业等，似乎都是德育教师或辅导员的事情。因此，高职院校德育需要进行系统整合。将团委、学生工作部、学生社团、学生志愿者服务、专业课实践教学、学生寒暑假从事的社会生产实践，所做的家务、农活，以及学生的考试纪律、学术的原创意识、网络自律意识、孝行孝德等有机整合，开阔德育实践教学视野，对学生在学校学习期间的全部德育表现和道德风貌进行全面、深刻地观察与考核，在毕业前，同毕业设计一起，做出系统的、规范的、全面的，以及贯穿学生在校全程的、科学的评价，可以全程培育学生建立良好的品德，确立崇高的道德情操。人之德育不是一两个学期或一两个学年的德育，道德修养是一个持续的、恒久的过程，需要一生的努力。贯穿全程的德育，也有益于引导教师树立持久的立德树人、教书育人的意识，而不是教而不育、育而不教，或是知识与技能、理论与实践脱离的纯理论式教育。

三、知行合一原则

知行合一既是高职教育的方针，也是高职教育的原则。高职教育不同于其他普通高等教育。

首先，从学校办学规模和层次来说，高等职业教育的"高"字，意味着其教育从技工教育走上了大学专科层次，办学规模也随着办学层次的提升得到了拓展。就学生角度而言，毕业生从获得中级技工或高级技工毕业证书一跃成为获得大学专科学历的大学生，从"蓝领"阶层进入了"金蓝领"阶层。高等职业教育的"高"字，体现了理论教学不再是中专或技工层次的内容，必须向一个新的高度、层次进军，而实践教学也不再停留在原来的中、高级技工的基本技能上。当国家产业向"三高"（高端、高质、高效）转型时，高等职业教育要迎合国家着力构建现代产业发展新体系的要求，符合区域经济发展新需求，适合战略性新兴产业、先进制造业发展的新需要，建立高端的技术技能，避免原来低端运营所带来的高投入、高消耗、高污染，低产出、低效益、低收益的问题。目前高科技的发展导致现代企业管理的高端技能型人才奇缺，恰恰是因为社会经济迅猛发展对高端技能型人才的需求，高职院校十年来得到了飞速发展。

其次，从高职院校毕业生就业趋势看，绝大部分毕业生就业是面向社会生产第一线的。企业现代化的生产和管理方式，也催生了薪水很高的金蓝领阶层。而金蓝领和蓝领的一个金字之差，给高职教育教学提出了一系列新的要求，即必须随着社会技术进步的需要拓展新技能和高端技能。

最后，高职教育的"高"是前提，"职"是落脚点。高职教育所开设的专业必须依据社会经济发展的需要，学院才能有生存的价值和发展的前景。如果说高职院校的理论知识要突出"高"字，那么专业课实践教学则应明确地体现专业性、职业性和行业性。因此，高职教育必须将理论与实践紧密结合，使"知"与"行"高度合一。就德育而言，也必然要受到高职教育教学特征的影响，"知"与"行"高度合一，德育理论与德育教学不能是"两张皮"，"两张皮"的结果就是"言""行"不一。因此，德育教师既要注重学生德育知识的传授，也要关注学生在自学基础上对知识的领悟，并适时地组织好交流和研讨，提高学生独立获得德育知识的能力和对社会热点、焦点问题的分析、判断等方面的能力。

四、教学互动原则

在社会中，德育是通过人与人的交往或人与物的交互性实现的，是通过职业道德中人与职业之间的关系，社会公德中人与人、人与社会融合、友爱、互助等和谐现象，人与自然或人与其他物种之间的善待等体现出来的，是通过社会舆论调节的。在学校，德育的主渠道是思想政治理论教学的系列课程，尚没有将辅导员对学生的日常行为纳入学生德育考核考评的标准。其实，真正的德育贯穿学生进入校园后的整个阶段：从新生办理入学手续时要讲秩序、讲文明，一直到毕业生的就业指导和文明离校。从德育教师的角度看，立德树人是师生共同追求的目标。教师在德育教学实践中既履行了教师的职责和义务，也将自己的德育思想传递给学生。教师可以借助现代通信网络，引导学生收集现代社会关注或自己热切关注的热点、焦点问题，将其作为教学案例，师生可在课堂上或作业里进行教学互动、教学研讨等。站在交往的角度看德育，站在德育的角度看交往，是我们所采用的两种不同视角。它们的结合——交往与德育的深层活动，乃是我们的切入点。因此，德育实践教学的切入点就是教学互动，可以在课堂上就某一德育内容或相关内容的观点在师生或同学之间展开讨论，也可以就某项活动，如春季运动会上学生所体现的秩序或纪律等问题进行互动，互动可以出现在课堂上，也可以在具体的学生管理活动中。总之，德育教学也好，管理也罢，要让学生说话。在德育过程中，教师要体验学生的真实感受，才能使德育收到事半功倍的实效。

五、因材施教原则

专业课教学和德育教学面向的是同一个群体。同样的教学方式，专业课教学可以收到比德育课教学更好的效果，其原因在于：一是专业课内容对于学生来说是崭新的，学生对崭新的专业内容有着好奇心和探求欲，不同的学生对基础知识的掌握程度可能有差别，但面对全新的专业课，他们是在同一个学习起跑线上的；二是就德育教学而言，理想信念教育是从小学到大学都有的内容，但是在多元化的社会经济生活中，每个学生受家庭背景不同、教育环境不同等多方面的影响，对德育的认识有着很大的差异。德育就其直接的、现实的承担者和实现者来说是个体性的，也就是说，从事具体的德育实践活动的个体是德育最直接、最现实的承担者和实现者，这也就意味着，德育无论以何种形式出现，最终必须通过个体的德育活动才能变为现实的存在。因此，在德育实践教学中，德育教师要密切关注每个学生面对社会现实所体现出来的外在表现和内在心理冲突。只有因材施教，德育实践教学才能展示出鲜活的"教"与"学"

的互动性和能动性。教师要充分认识德育实践教学这一教学环节在人才培养中的重要地位，切实把德育实践教学与德育理论知识有机地结合起来，使实践的教学环节切实成为德行培养、检验理论，以及加深理论认识和理解的重要途径。

六、遵循自然原则

在文字产生以前，人们的道德认知就开始萌生了，并规范着人类原始状态的简单生产和生活。直到今天，伴随人的出生，德育在人牙牙学语时就在家庭内潜移默化地进行着。良好的道德思想的形成如同良好的生态圈的形成一样，需要有一个过程。高职德育亦然，需要冷静下来，追求符合人的德育成长规律的、遵循自然的德育。每所院校可根据专业发展趋势开展特色鲜明的德育，使德育更具备实效性和人性。例如，医学院的学生要学习医德，具备了医德的医生就不会以医谋私；师范教育的学生要学习师德，具备了师德的教师就不会"索拿卡要"；行政管理，以及警察、司法等学科或专业的学生要培养依法执行公务的能力。办学时间较长的院校要充分挖掘优秀的传统办学思想和文化，将其融入德育教学；专业性明确的高职院校可根据专业发展方向，建立职业道德和职业素质教育。总之，德育建设要时时处处尊重和遵循每所院校所处的自然环境、社会环境和人文环境，顺其自然、顺势而为，才能顺理成章、和谐自然。

七、终身学习原则

大自然的一切是不断发展变化的，人类社会的发展正在发生着前所未有的剧烈变化，社会生产的高速度、高科技通信工具的不断更新及迅速提升的知识，均促进了社会经济的急剧发展。与时俱进、和平发展是整个人类社会发展的主流。在日新月异的大自然和人类社会中，只有建立终身学习的自觉意识和自主行动，才不至于被历史、被社会淘汰。

教育是贯穿人一生的、不断积累知识的长期、连续的过程；终身教育是社会现代化的基石，唯有全面的终身教育才能培养完善的人；我们需要终身学习，去建立一个不断演进的知识体系；要使教育更好地为社会服务，必须积极发展终身教育的思想；只有坚持终身教育的思想，才能使教育变成有效的、公正的、人道的事业。

"终身教育和学习化社会"的提出，是人类社会发展和思想发展的一大进步，它使教育不再是青少年的特权，也不再是专家学者的特权。国际二十一世纪教育委员会向联合国教科文组织提交了题为《教育——财富蕴藏其中》的报告，强调必须把终身学习放在社会的中心位置上，并建议确立终身学习的四大支柱：学会认知、学会做事、学会合作、学会生存，这样才能引导学生建立崇高的人生理想。

德育教师在以身作则坚持终身学习意识的同时，要坚持不懈地引导学生树立终身学习意识，要让学生意识到教育能为每个地方、每个人培养热爱和平的深厚感情，教育的使命就是帮助人们在各个不同的民族中找出共同的人性。整个德育教学过程必须注入终身教育观念，使学生具备终身学习意识，并积极行动起来；将学院建设成学习型组织；将学生在校园生活的一切活动和整个世界的社会生活作为德育实践教学的巨大平台，引导高职院校的师生担当起引领先进德育文化前进方向的重任。

八、社会参与和反哺社会原则

正是因为我们处在改革开放的时代，高职院校又有着面向社会、开放办学的优良传统，今天的德育尤其需要积极面向社会，参与社会生产和社会生活的各项活动，让师生切身感受社会进步带来的责任感和使命感，共同担当起应有的社会责任。同时，高职院校可吸收优质的社会德育资源。例如，邀请道德标兵或社会先进模范，为师生进行专题报告；可邀请兄弟院校的师德标兵进行专题讲座；可邀请企业、行业中的优秀高级技师、优秀管理人员等对师生进行辅导；还可以邀请高职院校离退休的一些老领导、老同志，为学生进行传统教育。在这些德育模式中，师生站在一个学习者的角度，获得一次次情感上的震撼和感动。因此，教师更要将自己习惯的，在学校、在课堂或大讲堂的德育授课方式，向生活、向社会延伸，让学生的德育是一个全面的德育，让教育是一个完整的教育，只有这样，德育实践教学才能海阔天空。

更为重要的是，德育实践教学通过一系列的社团活动、志愿者活动，通过在社会上建立德育实践教学基地等，将德育理论教学成果运用到社会生活中，可以反哺社会，为社会做一些有意义、有价值的事情。无论如何，高等教育是社会先进文化的引擎，在德育实践教学中，师生在获得优质社会德育资源涵养的同时，也将先进的道德思想向社会传播，作为当代的教师和学生，反哺社会是我们的义务和责任。

九、全员参与和全面发展原则

在校园里，每位教职工都应该将自己作为德育的一员：在敬业爱岗、勤奋工作的同时，积极参与学生管理和德育活动；在恪守职业道德的同时，树立良好的自身形象。人民满意的教育不是教师单方面的行为，它所体现的是一所院校的整体管理水平。只有全员参与德育实践教学，才能促进学生的全面发展。

全员参与原则强调师生和员工都是德育实践教学的一分子，应全面参与德育建设。高职院校的管理者是德育实践教学的积极倡导者、建设者；教师教书育人的职责本身就被赋予了德育理论和实践教学的深刻内涵，无论是专业课还是基础课，教师在教学过程中的思维和行为模式，都为学生传递着浓重的德育气息。因此，一所学校的德育建设需要全员参与，只有这样才能将其德育思想积极、健康、稳定地传承和发展下去。

以往我们常强调的是教书育人、管理育人、服务育人，在此要再次强调环境育人的重要性。环境文化包含了净化、绿化、美化和亮化等多方面。

高职院校的育人环境还受周边社会环境的影响。环境育人还包括学术方面的软环境建设，教师在教学和学术方面必须有自己的认识、自己的思想及自己的德育体验，这样的教学和学术才能引起学生的关注和兴趣。教师的教育思想如果没有新的提升，学术如果也是人云亦云，学生必然也会感到乏味。教师的学术如果缺乏原创，则更是对学生有害。

环境育人还包括教师的行为和职业素质，因此，从高职院校的管理层到教师，甚至后勤总务，都要坚持教书育人、管理育人、服务育人和环境育人的"四育人"制度，并从这四个方面全面地考核办学模式，德育实践教学才能内容丰富、形式完善，才能从多个角度加强管理和监控，从而促进人的全面发展。德育只有以人的全面发展为原则，才能承担起历史和时代赋予的使命和重任，才能使作为德育主体的人的个性和主体性得到全面的发展，从而实现对人的完整性的塑造，达到对人的德性的完善和满足。

第三节 高职院校德育教学方法

教学方法是教师教学研究的永恒主题。面对学生，面对教材文本，教师应该如何在教育实践中规范、科学、严谨、入情入理地履行教学义务，如何有效地实施教学，这是值得我们不断探索和深刻研究的问题。

教学过程首先是教师对教材文本知识消化、展化（或深化）、内化的过程，继而是教师通过学校教育的途径，按照教学计划和教学大纲的要求，将教材文本转化成知识教授给学生，达到教化、同化的目的，最后是引导学生走向理性升华，达到创新知识的目的。这是教师对教材文本的消化—展化—内化—转化—教化—同化—突破—升华的过程。在这个过程中，教师的教学方法对促进学生的知识吸收起着至关重要的作用。

一、消化是教师吃透教材文本的过程

在消化过程中，教师的职责是认真备课。教师备课时，要看的、要准备的首先是依据计划和教学大纲制定的教材文本，教师对教材文本的理解，要有一

定的深度，要在吃透的基础上充分地吸收、消化，使教材文本的核心内容融入教师的思想。除此之外，教师备课的内容不应只限于教材本身，还要涉及教材提及的许多边缘学科，深化教材文本内容，这就在无形中向教师提出了开阔知识视野的客观要求，所以教师的"教"就必须实现第二步——展化。

二、展化是教师博览群书，拓宽视野的过程

教师要拓宽的视野很多，包括知识视野、社会视野和生活视野。过去我们说，要给学生一杯水，教师就要有一桶水。在经济日新月异、飞速发展的今天，科技也在迅速地发展着，知识变为动态的、发展的，在这种情况下，教师的"一桶水"如果不及时更新，就可能成为过时的，甚至是对学生造成误导的、无意义的"水"。因此，教师要想站稳讲台，就要在教学实践中不断学习，增加"内存"，扩大"硬盘"，使自己的"知识之水"成为一眼不断更新、喷涌的"泉水"。别小看了这"一眼泉水"，在教学过程中，它为学生带来的益处有可能是终身的。教师拥有这"一眼泉水"，才能在讲台上自信地与学生沟通和交流，讲课才能做到游刃有余，当教师能够做到旁征博引、机智灵活、举一反三时，课堂上学生的思维就会活跃，教师就会给学生留下博学多才的印象，教师在日后的教学中也会因为学生的尊重而充满自信。

三、内化是教师将教材文本知识深化成自己的知识的过程

这也就是将教材文本知识在备课中学精、学深、学透，将教材文本知识内化到自己能够用语言形象地表述清楚的地步，而不是刻板地围绕教材谈教材，使学生产生厌学情绪。当教师将教材文本知识真正地内化成自己的知识，并通过学习将某一理论提升到一定高度时，在教学过程中，教师的思维就会变得极为活跃。教师可以在课堂上根据学生的情绪，围绕学生的疑惑，联系并列举发生在社会、生活、学习中的事件或案例，由浅入深地引导、启发和教育学生。直观、形象的教学案例有助于学生对教材的认识和理解，有助于使学生认识到

所学的知识对自己很有帮助，从而激发学生的学习兴趣。在这种情况下，就可以实现教学过程的第四步——转化。

四、转化是教师贯彻教学计划的具体过程

这是教学过程中实质性的一步，也是非常重要的一步。教师有了必要的、准备充分的备课，就可以自信地站在讲台上，将内化的知识，以讲课的方式传授给学生。这种转化是教师教学实践的提升，是教师对教材文本知识的再认识，也是学生和教师一起完成教学任务的关键过程。在转化中，教师面对不同学生应使用不同的教学方法，随机应变。在现实教学情境中，教师有许多教学方法和教学经验是只能意会、不能言传的。不能言传并不是教师的教学语言和教学行为有什么忌讳和神秘的东西，而是由教师的教学经验和对学生的了解程度决定的。当师生相互了解、相互理解时，师生之间就会产生"心有灵犀一点通"的效果，此时，教师的一个眼神、一个微小的动作都可能对教学产生作用，都可能对学生的学习产生意想不到的效果。在转化的过程中，教师可能在教学过程中即兴发挥，将教材文本提升到一个新的高度，而此时的教师，也会在教学过程中体验到教育职业的乐趣和高尚。教师的教材文本转化充满了教学的艺术性和科学性，是教师值得探讨的、重要的教学环节。

五、教化是教师将教材文本知识传授给学生的过程

学校教育对人的教化作用是巨大的。教化促进了人的进化和发展，使人类社会摆脱了愚昧，并高速发展到今天的文明时代。在这个历史过程中，教化的作用是毋庸置疑的。在教学过程中，教化就是教师在自身吃透教材文本后，将教材内容按照教学计划和教学大纲的要求，将教材文本的知识传授给学生的过程。通过教师的"教"促进学生对知识的内化，这个"内化"不是教师的"内化"，而是教师通过"教"的途径，引导和教导学生对教材文本知识的"内化"，只有学生真正学会和理解了教材知识，教师的"教"才达到了目的。教

化的内涵是十分广泛的，教师"教"的观念和行为，对学生产生影响，而学校对人的教化和影响是潜移默化的，它在实现对学生教化的同时，默默地影响着学校周边的人文环境的变化。教化的作用都是有目共睹的，它对周边环境具有积极、文明、进步的教育意义和良性影响，这种教化作用促进了社会精神文明建设和物质文明建设的同步发展。我国和谐社会的建设也要在和谐的教化、和谐的理念引导下实现。

六、同化是教化目的实现的结果

教师在实现教材文本的转化和教化的过程中，与学生一起同化所教学的知识，同化得越彻底，学生的知识掌握得越牢固，教师的"教"实现得越完美。教与学两个方面对同化的知识是各有所需、各有所取、各有所获的，教师在同化教材知识的过程中实践了教学方法，而学生则掌握了教材文本的知识。在同化过程中，教师和学生一起分析案例，剖析发生在师生工作、学习、生活中的事件，一起对教材文本进行学习、认识、消化、内化，这对教师来说是提升，对学生来说是加深印象。同化过程不仅是师生对教材文本知识的内化，其实，在教学过程中，师生情感也在逐渐地同化。后现代教育理念使教师走下讲台，与学生实现心与心的交流和交融，将新知识通过教学的途径，同化到师生的心灵深处。

七、突破是师生对人类知识的反思和创新

突破就是在教学过程中，启发学生对知识的逆向思维，反对机械的学习。机械的学习充其量使学生成了人类现有知识的储存器，而教育的目的不是这样。人类的文化知识都是在反思和创新中逐渐发展起来的，倡导和培育的是学生逆向思维的意识和精神，培养学生敢于质疑、敢于打破常规的精神。自古英雄出少年，许多学生敢于挑战教材文本，在解题时，能开发多条思路，使知识得到丰富和提升、完善和发展。任何真理都要受到某一时段人的认识水平和认识能力的制约，真理应在实践的基础上得到进一步的检验和发展，也可以在学

校教学中得到实践、验证和发展。

八、升华是通过异化和创新原有知识而使其上升到新的理论层次的过程

教学不仅仅是"传道"和传承人类原有的文化知识，而且是要在"传"与"承"的同时，对不断变化的大千世界进行研究和探索。教师在"教"的同时，也在不断地"学"。在当今时代，高科技的发展促使学生的知识视野更开阔，在后现代教育中不能否认地存在着教师的"教"的主导作用和学生的"学"的主体功能。因此，教师要实现科学地"教"，就必须研究自己的教育对象——学生，这样才能实现因材施教的科学教学方略，才能在教学实践中与学生一起同化教材文本知识，并且使文本知识有一个探索、创新和升华的过程，也就是知识异化和升华的过程。古往今来，知识都是在传承中得到提升的。

最后，教师还要开启学生的"三道门"。一是开启学生的智慧之门。教师要适时调动起学生对所学课程的积极性，引用一个典故或案例，激发学生探求新知识的兴趣，打开学生求知的智慧之门。二是引导学生"入门"。教师就是引路人，将学生引入新的学习思维空间。所谓"师父领进门，修行靠个人"就是这个道理。三是启发学生"出门"，即引导学生从书本中跳出来，走向社会实践和创新。知识是为人服务的，如果教师将所教的知识教"死"了，学生学"呆"了，学得只会考试，不会动手，不知怎么干，是不行的。我们面对的是职业教育，是为社会经济服务进行的教育，因此教师必须具备引导学生走出书本、走向实践、走向社会的技能和技巧。

教学方法就如同教师的个性一样，丰富多彩，尤其是技工教育和职业教育注重实践的特性，更加赋予了教学方法直观性和形象性，它集逻辑思维和形象思维于一体，集对事物的理性认识与感性认识于一体，为从事技工教育和职业教育的教师提供了更为广阔的研究空间，只有在教学实践中，不断提升自己的

教学科研能力，才能自信和有意义地从事这"太阳底下最崇高的职业"。

第四节　高职院校德育教学的实现路径

从家庭到学校，从学校到社会，再到优质的企、事业组织，开放的办学模式使高职院校的德育实践教学与专业课实践教学融合，德育实践教学有着极为广阔的实现途径。

一、高职院校德育实践教学平台搭建——业余活动

志愿者活动、社会活动、文体活动等各类活动的开展可谓"醉翁之意不在酒"。教师在活动中观察学生在公德、友爱、社会责任、组织纪律、文明卫生等方面的表现，发现问题，然后通过班会、专题讲座或理论课等途径进行解决，共性的问题可在课堂或第二课堂解决，个案可个别沟通交流解决。在这些方面，高等职业院校对学生活动的设计不同于本科院校。本科院校学生的文化知识基础比高等职业院校的学生好，自我管理能力要比高等职业院校的学生强，高等职业院校可以本着因材施教的思想，针对学生动手能力强的特点，适当地组织一些相关专业的技能竞赛等适合高等职业院校学生的各类活动。例如，将全年的主题性活动在每年上半年布置下去，贯穿两个学期，学生一般在下半年完成；举办一次冬季越野赛，在入冬时节或"乍暖还寒"时，学校领导和学生一起奔向新的目标；在每年的年终，组织一次年终先优评议，在正式的党支部大会或党小组会上布置下去，学生工作部组织负责落实，这在不少高职院校已形成了惯例。此外，各类社团、志愿者服务组织还可以组织各种活动，这些活动关注不同性格的学生群体的心理和生理需求，动中有静、静中有动、动静相宜、相得益彰，有利于调动全体师生的积极性。

师生可根据本专业的建设与发展、文化生活的需要，开展一些大家喜闻乐

见、易于接受的活动。在活动中，学生提高了协调与合作能力，培养了友爱互助和集体主义精神，更重要的是，教师能在活动中发现问题，并通过活动后的班会和学生一起总结问题、分析问题、解决问题。因此，可以说班会是第二德育课堂，这个德育课堂是紧密结合各类问题、紧紧围绕德育建设开展的。

二、高职院校德育形式——加强班级建设，倡导"主题"班会教育活动

班级建设是德育工作的基础性环节，也是关键环节。班级建设出问题，必然影响到系，进而影响到学院的整体。因此，高职院校应十分重视加强班级建设。对于班级建设，从辅导员配置来说，是依据办学层次指定的，如大专层次辅导员可带两个班，每个中级技工班都有一个辅导员。之所以倡导主题班会教育活动，是因为班会调度比其他会议容易得多。因此，召开班会对学生进行引导和教育，是调节学生日常道德问题，进行德育教学的重要环节。班会可长可短，问题多、事情多、活动多就多开，否则就少开，但是要注意没有意义的班会、不解决问题的班会、主题不明确的班会一定不开。一定要有效地设计和组织好每一次班会，尤其是在每次的院系级重大活动后，要组织一次班会，让学生查找班级在集体活动中出现的问题，并提出解决的办法，使学生养成"吾日三省吾身"的良好习惯。只有善于总结，直面问题，勇于承担，才能获得提高。

"主题"班会教育的主要内容有以下七点。

第一，选好主题。每次班会都要明确一个主题，写在黑板上，教师要明确用多少时间把这次主题班会的目的给大家讲清楚，要给学生留一定的讨论时间，以鞭策学生关心班集体，积极开动脑筋，踊跃发言，提高学生语言表达能力和自我管理能力。

第二，办好班级主题黑板报。如何充分利用好这块"阵地"，做好、做活班级宣传教育工作，是件很需要动一番脑筋的事情。每期的黑板报都要根据大部分学生的成长需求，或根据重大活动需要，选出一个教育主题，围绕主题进

行征稿，充实板报内容。任何活动都要有教育性，实现教育的目的。

第三，组织好班级主题晚会。学校里的学生正处于风华正茂的时期，可通过课堂教育、各类活动等对他们进行科学的引导。班级晚会是学生乐于参加的活动，这是一个在"自己的小天地"里展示自己的舞台，观众是自己的同学，学生可以放得开一些。但是，要关注晚会的主题，主题的确定对学生的教育意义和对晚会的正确引导十分重要，晚会的主题也是对晚会节目格调的确定。主题鲜明、格调高雅，则晚会效果好；主题混乱，格调低下，则无法凝聚班集体的向心力。没有凝聚力，就谈不上提高班级管理层次和水平。

第四，班级主题活动。同班级学生朝夕相处、情深意厚，班级活动是学生入学后组织最多的活动，因此，班级活动的主题要突出，要能在一定程度上有针对性地实现教育作用，如毕业生离校前的班级主题——"感恩母校，报效祖国"，以及"文明以止、共创和谐""爱校如家，我为母校添光彩"等。

第五，班级主题论坛。学校可以根据学生所学、根据专业进行各类班级主题性论坛，锻炼学生的勇气和语言表达能力，提高学生的综合素质，如迎奥运主题论坛、我的中国梦主题论坛、我节约我光荣论坛等，都在一定程度上引导学生关心国家大事，鼓励其发表自己的见解和主张，引导学生让自己的脉搏和时代的进步一起跳动。

第六，让学生依据主题自己设计稿件，准备好主题发言。班级主题活动、班级主题论坛等，都必须有目标、有计划地组织。教师可以明确一个或几个主题性发言人，以引导整个活动有序进行，主题发言要对学生产生教育作用，内容应当是正面、积极、健康向上、催人奋进的。

第七，倡导主题活动创新。任何主题活动都具有地域性和时代性，主题以学生自选为主，但辅导员要加以正确引导。班级主题活动相对于德育理论教学要灵活和活跃得多，因此，辅导员也好，班主任也罢，都不能像备课一样，要根据时代的变迁，结合学生的实际和心理需求不断总结班级工作管理经验，与时俱进、机智灵活地组织好主题班会活动，要让每一次主题班会都有焦点、热点、关注点，使学生回味无穷、终生难忘。

三、高职院校德育实践教学的社会舞台——社会生产实践

高职教育走出校门、走向市场、走进社会生产第一线，是迫在眉睫、势在必行之举。纵观高职院校的发展，有的是在原高级技工教育基础上发展起来的，有的是通过中专或职业学校兼并后组建的，不少高职院校是校企并存的，客观上形成了产教结合、工学交替、半工半读的教学模式，以及重视实训、技能领先的优良办学传统。

不少职业院校近年来在校企合作办学方面进行了广泛、深入的探索，通过校企合作，培育双元制人才，探索多元化的德育渠道。随着生产技术的进步，师生需要在社会生产一线了解最先进的设备、设施，以及工艺和技术，接受社会经济组织最前沿的技能训练、生产管理和企业文化的熏陶，接受优质的企业管理模式的影响。教师通过专业课实践教学，可以一并完成学生职业道德和职业素质的培养。一些高职院校随着办学规模的扩张和办学层次的提升，采取"走出去、引进来"的方法，突破由学校单方面进行人才培养的模式，积极探索校企合作的方式，使学校与企业双方共同打造对学生教育的"双元制"人才培养模式，并取得了一些经验和效益。目前在"双元制"人才培养方面已经运用的模式有投资合作式、引企入校式、进修提高式、定向双元式等。同时，高职院校还通过在企业设置实践教学基地、德育基地、毕业生就业基地等方式，在校企合作方面进行广泛的探索。实践证明，校企合作作为高等职业教育的"双元制"人才培养模式，改变了传统的学院化、围墙式的办学模式，它寓产于学、寓学于教、寓教于工、工学交替、产教融合，"产"始终围绕"教"这个中心进行。产教的有机结合，促使学生德能双修，促进了"教"与"学"的自然融合，促进了专业课实践教学与德育实践教学的融合。在这种教学模式中培养的学生，在道德方面接受了劳动光荣的环境涵养和吃苦耐劳的精神滋养，培养了良好的职业操守和职业素养，强化了理论与实践的有机结合，学生通过实习、实训、到企业顶岗学习，在毕业时已经具备了相应的职业能力。因此，校企合作办学的育人结果是：毕业能顶岗，职业素质强，就业渠道畅。

总之,"走出去、引进来"的方式搭建了一座学校与企业、理论与实践、培养与成才的桥梁,开辟了一条利企、利校、利民、优质、先进、规模化的新途径,利用社会力量,融合学校教学理论,培养高质量、高素质、高端技能人才,为高职教育开辟了广阔的社会发展空间。高职院校面向市场的专业建设,课堂教学与工厂实训的有机融合,理论教学与实训教学的相互交替,相关企业的生产线,师生的实习、实训场地,灵活的教育方式,规范的专业实习管理方式,开放的办学模式……这些都为高职院校构建了一个校企合作,满足实训教学需求,完善学生技能、职业道德,促进学生职业素质提升的"双元制"人才培养模式。诚然,校企合作办学还有许多需要完善的方面,其深度合作、深层次探索的路还很长,但只要在"双元制"办学育人的道路上孜孜以求地深入探索,丰富的社会生产一线就会成为师生实习、实训的广阔天地,融合到这个广阔的空间,高职院校的德育就大有可为,也大有作为。

四、高职院校德育实践教学模式——全球化德育实践教学模式

开放的时代要建立全球化的德育实践教学模式,其途径有以下四点。

第一,加强家校沟通,形成对学生教育的合力。就高职院校办学传统而言,家校沟通似乎没有形成惯例,中小学时家校沟通还在进行,但到高职教育阶段,这个链条突然就断裂了。从多年的德育实践经验分析,家校沟通有利于学生德育的养成,但目前家校沟通很少进行,其原因有很多:其一,大部分情况下一个辅导员要带好几个班级,事务性工作多,家校沟通的精力是个问题;其二,高职院校的家校沟通往往是在学生违反了某项校规的情况下才会进行,如打架等事件,不得已时学院与学生家长沟通,目的是学院和家长一起加强对学生的教育;其三,家长比较被动,只有等校方联系时,他们才与校方沟通,否则,极少与校方主动联系询问学生情况。最关键的是高职院校学生来自全国各地,客观上给家访带来了难度。于是,教师只能在学生发生特殊事件时才不

得不与家长进行沟通，导致家校合作育人的效果不佳。因此，开放的时代，高职院校方面应该先放下架子，或通过为辅导员减少管理班级数量的方式，或通过问卷调研及网络调查等方式，加强与家长合作。正常情况下，只要校方有意和家长沟通，大部分家长是愿意合作的。例如，校方可以采用网络调查问卷形式了解学生在家中的基本情况，以加强与学生家长的沟通。

第二，通过志愿者活动，拓展德育的社会活动空间。目前由于社会文化生活多，学生的志愿者活动也多。例如，有的高职院校与残疾儿童幼儿园建立了志愿者服务协议，常年有组织、有计划地去为残疾儿童幼儿园提供无偿服务；有的高职院校与院校所在社区、博物馆、展览馆、优质的企业等社会组织建立稳定的合作关系，根据社会需要和课程安排许可，常年为社会提供志愿者服务。在这些无偿服务的过程中，学生在职业道德和职业素质及社会公德方面既做了宣传，也接受了教育。

第三，"走出去、引进来"，汲取社会优质德育资源，如道德模范、先进人物等。例如，有的高职院校邀请工作委员会的老同志到学校进行学院办学传统教育，在学生对学院的建设发展有历史性认识的基础上，再邀请各系的专家、教授进行专业建设的分析讲座，使学生建立起对所学专业发展的信心和好奇心，激发学生的学习热情。

第四，高职院校在开门办学方面进行了大胆的探索，有利于德育实践教学的发展。例如，有的高职院校将优质企业的技术高手聘请到学校，为之开设技能大师工作室。技能大师定期到学校实习场地现场为学生进行技术能力、职业道德、职业素质指导。有的高职院校让学生到技能大师所在的企业进行专业或德育实践教学观摩，或向其他资质强的同级高职院校或本科院校学习，或开展对外开放的学术交流。师生可在学术交流和技术学习、技能交流中，吸收优质企业优秀的、现代化的管理经验，技术技能和先进的德育思想等，在领略高科技、高素质、高端技能的同时，提升对本专业的学习兴趣，建立起崇尚职业道德、提升职业素质的主动性和自觉意识。

第二章 高职院校德育机制探析

第一节 职业自觉是高职院校德育的愿景

顾名思义，自觉是察觉、觉悟、意识、自我完成的意思，职业自觉应该是对自身的职业有所察觉和意识，也就是要对其职业的文化内涵及权利义务有充分的认识。换言之，就是职业的自我觉醒、自我反省、自我创建、自我调整、自我提高，从而选择正常的动机和目的，树立良好职业形象，达到尽职尽责地工作、服务企业和社会的目的。一个人能否做到职业自觉自律，关键是自身职业素质和社会公德的修炼。作为培养高素质高级技能人才的院校，应该有意识地培养学生的职业自觉，这样才能使得高职教育实现可持续发展。

一、职业教育与专业教育的关系

高等院校的专业教育与高职高专及中等职业学校的教育都属于职业教育，在这个基本属性上二者是相同的。而二者的差别是职业专业化的程度不同造成的，前者的专业教育着眼的是职业专业化程度极高的社会职业人才的培养，而后者的职业教育培养的人才主要面向专业化程度相对较低的职业人才需求。

由深奥的知识和专门技能组成的专业知识体系是专业区别于一般职业的根本标志。下面我们可以从专业知识体系构成上来加以说明。

（1）任何一种专业的专业知识体系都是由理论知识和实践性技术知识构成的，理论知识和技术知识又是相互影响、互相转化的。纵观科学技术发展史，有关的例子不胜枚举。

（2）任何一种专业理论知识都包含着专业理论的创新知识（相当于"关于这专业的知识"）、专业基础知识（相当于"为这专业的知识"）及通用基础知识（即一定的文化科学基础知识），而专业理论中创新知识是专业理论知识的硬核，它与边缘知识相互作用、互相关联、相互渗透，甚至交叉。

（3）任何一种专业技术知识都包括专业核心技术、一般专业技术和社会通用技术等内容，其中的专业核心技术往往是专业的关键技术或尖端内容（如发明专利、商业秘方等），具有极高的产权特性和商业价值。随着社会经济和科学技术的不断进步，关键性核心技术也逐步解密，转化为一般专业技术进而又向社会通用技术转变，部分技术会因种种原因而消失或失传。

（4）专业知识体系是个动态演化的体系，它从基础文化科学知识和通用技术及其相互作用，衍生进化为初步专门化的理论知识和一般专业技术，再由此发展演变为前沿的专业理论和核心的专业技术。这个运动演化过程就是一种工作或一类劳动经由职业孕育，再经过专业化运动达到成熟专业的过程。而且随着社会经济、科技和教育的发展，专业理论知识不断完善、扩展，专业技术知识存量也在不断增加，这个专业知识体系总容量就不断发育、扩增，最终导致专业的进一步分化，新专业在老专业的母体中孕育诞生。老专业或可继续发展或者在孕育新专业中走向消亡。消亡了的专业其知识体系被整合进新生专业知识体系中继续进行着发展演化的运动。

根据上述专业知识的构成分析，我们可以进一步把握所谓"职业教育"与"专业教育"的区别和联系。职业教育是建立在基础知识基本技能教育之上的，它应该包括普通教育和中等职业技术教育。从所教学的知识体系来看，职业教育包括通用基础知识和初步的专业基础理论学习，并主要进行通用职业技术的学习和一般专业技术的初级培训。而专业教育主要包括专业基础理论和专业创新理论的教学，以及一般专业技术和核心专业技术的培训。在我国目前的教育体系构成中，职业教育实际包括了中等职业技术教育和高职高专的教育；而专业教育主要是大学本科和研究生教育。其中研究生教育又分为侧重理论研究的普通硕士、博士学位教育和侧重职业实践技能培养的专业硕士、专业博士教育。但是，我们应该看到，即使是侧重理论研究的普通硕士、博士学位教育，也是培养从事科学研究工作这种高级专门职业的劳动者，实质上仍然属于职业教育的范畴。

二、职业素质与职业道德的关系

如何有效而全面整体地提升学生的职业素质，这就需要我们详细考察职业素质的内涵特征与构成要素，寻找出最基本的要素。

（一）职业素质的内涵特征

职业素质是一个社会个体从事职业活动应具备的全部素质的总和。职业素质分析可以遵循两个维度，即社会职业需求维度及个体生命发展维度。

第一，从社会生存发展的角度看职业素质，从事社会职业实践活动要求社会个体必须具备的职业素质应该包括身体素质、品德素质、智能素质、审美素质、劳动素质等内容，这些素质构成一个人职业素质的整体。其中：①身体素质主要是发育正常的机体与健康的体质和强健的体魄；②品德素质包括民主政治素质、公共生活素质、自我管理素质及健康的心理素质；③智能素质包括终身学习素质、科学文化知识素质及运用学科知识的技能素质；④审美素质是指具备丰富的生活体验和感受、理解、表达和创造美的素质；⑤劳动素质包括从事某类职业和专业的知识技能素质、参与市场经济生活的素质如消费素质、经营管理素质等。

第二，从个体生命发展的角度看职业素质，职业素质是维持个体生存发展的思想观念、知识、能力的总和。其中：①思想观念是素质的核心要素，包括世界观、人生观和价值观及其支配下的生态观、人本观、职业观、财富观、市场观、法律观等。思想观念素质是人的一切行动的先导，对于知识、能力及情态素质具有制约和指导作用；②知识是素质的基本要素，一个人素质与他的知识包括理论知识与技术知识及其所构成的知识体系、知识结构具有重要的关联；③能力是素质的关键要素，它渗透到人的思想和言行中，在人的社会生活生产实践活动中具体体现出来。评估人的能力水平的高低，必须通过对人在社会生存实践活动中表现出来的各种能力进行观察、分析和判断。

上述两种维度对于分析职业素质而言，都具有一定的合理性和启发价值。但我们认为，不能把两者分开甚至对立起来。人的职业素质应是完整统一的。因此，必须把社会发展需求与个体生存需要即个体生命发展辩证统一起来。所以，综合而言，职业素质是一个社会个体从事职业活动所应具备的身心健康素质、文化科学知识和社会生活经验、职业技能和能力，以及相关的情感、态度、价值观等全部素质的总和。

（二）职业素质的构成及分析

1. 大学生职业素质构成要素

大学生的职业素质是指大学生从事某种职业所应具备的素质总和。大学生的职业素质也可以从社会职业需求维度和个体生命发展维度等加以分析。但是，就每个大学生的职业生存发展而言，从个体的思想观念、知识、能力、情感素质等方面分析，一般容易忽视大学生职业素质的整体性，也不利于大学生职业生存素质的综合培养。因此，我们主张从个体与社会辩证统一的整体性出发，考虑大学生职业素质构成情况。总体看来，在现实中，大学生的职业素质实质是大学生的身体素质、心理素质和社会素质的总和，其中某个方面又包括诸多具体素质，这些素质共同构成大学生职业素质的整体。

（1）大学生的身体素质。大学生的身体素质主要包括身体结构和身体机能两个方面。具体包括具备良好身体素质，保持身体健康与机能健全；了解体育锻炼的基本知识和方法，积极参加体育运动，自觉锻炼身体；养成个人的和集体的卫生习惯；掌握人体系统的结构与机能的基本知识，具有一定的预防疾病和日常药物及保健知识经验等。

（2）大学生的心理素质。每个人都是通过心理活动接受各种环境因素包括历史文化学习和教育影响的，每个人的心理素质正是通过个体与生存环境的相互作用而形成的。具体包括具备良好的心理素质，讲究心理卫生保持心理健康；

努力发展智力和各种能力，培养情感、意志等非智力因素；掌握心理系统发展的初步知识，具有心理自我调适能力；具备建立良好人际关系的知识和技能等。

（3）大学生的社会素质。社会素质主要由政治、思想、道德、文化、科学、审美、劳动技术等现实素质构成。具体包括树立正确的社会理想和政治信念，养成正确的思想观念和世界观、方法论；培养高尚的道德情操和良好的道德行为习惯；掌握文化科学基本知识和基本技能并具有一定的专业知识和技能；养成正确的审美意识与审美情趣并具备欣赏美、表达美和创造美的能力；具备一定的劳动生存意识、热爱劳动的情感及从事职业劳动的专业知识与技能等。

2. 大学生职业素质结构分析

遵循马克思主义关于社会发展与个体职业生存需要的辩证统一观，我们从功能论的视角对大学生职业素质结构整体进行以下分析。

从功能论的视角看，上述诸多职业素质在个体生存与社会发展中的地位和作用是不同的，我们可以按照如下基本框架加以总体把握。

（1）职业基础素质。职业基础素质包括健康的身体、心理素质，出色的文化科学基础知识与技能，以及良好的公民道德素质等。在今日全球化的市场社会中，这些素质是人的职业生存必须具备的基础素质。高职教育必须加强这方面素质的培养，为大学生毕业走向社会奠定坚实的职业素质基础。

（2）职业核心素质。职业核心素质包括职业生涯规划知识与能力，专业化的理论知识学习与提升、核心职业技能的训练与形成，以及有关就业的知识与技能的了解与熟悉等。这些素质是大学生职业综合素质的主干或核心。高职教育在基础教育阶段初步职业素质基础上重点培养这些素质，进一步提升职业素质达到专业化的水平，获取择业、就业和创业的核心竞争力。

（3）职业拓展素质。职业拓展素质包括创业素质与经营管理素质、创新素质包含创意与审美素质、终身学习与信息素质等。这是大学生应对职业转换和流变的必备素质，也是职业综合素质结构中最活跃的、最前沿的素质要素。

（4）职业辅助素质。职业辅助素质包括生活与理财素质、诚信与合作素质、法律素质等。这些素质不仅对于市场社会中的日常生活是必需的，而且也是个体职业生涯成功的辅助和有力保障。

上述四种素质构成大学生职业素质的整体。它们之间的关系可以用"职业素质树"来描述。职业的基础素质是这棵"素质树"的根；职业的核心素质是它的干；职业的拓展素质是它的枝；职业的辅助素质则是树冠。土壤、阳光、雨露和空气则是为职业素质发展提供养分的社会生活生产实践，特别是社会劳动与产业分工系统，以及社会制度包括经济体制、产业政策及社会文化等相关影响因素。

三、高职德育与职业自觉的关系

在今天的全球化市场社会中职业不断变换，职业生存日趋知识化、专业化的新形势下，人的职业自觉形成与发展趋向终身化。在人类不断迈进学习型社会的今天，一个人的职业生存素质的形成和发展都是终身不断演变的过程。从生涯教育或终身教育的视角看，一个人的职业生存素质的形成和发展基本上经历了职业准备、职业探索、职业选择、职业进入、职业变换与适应、职业稳定、职业衰退等阶段。这些阶段基本涵盖人的一生，体现出现代人生存的职业生存特性。而每个阶段都存在着职业素质的生成与调整问题，进而呈现出人的职业素质自觉形成与发展的终身化特点。

作为培养高素质高级技能型专门人才的高职院校思想道德教育注重学生的职业素质培养，不仅培养学生在校园里形成职业自觉的意识，同时对高职院校的可持续发展也具有重要意义。高职学生要形成良好的道德品质和达到一定的职业道德境界，首先，要有对职业道德的正确认识，明确遵守职业道德规范是一个人从事职业活动的必要条件。其次，要根据职业道德规范而进行自我教育、自我改造、自我锻炼和自我完善。

高等职业教育确定的高素质高级技能型专门人才的特定培养目标和以就业为导向的教育理念，必然要求高职教育培养的人才具有适应岗位要求的素质。这种与职业岗位要求和职业发展紧密相关的素质，就是职业素质。要使培养的人才具有较强的竞争力，高等职业教育在强调人才培养的针对性、应用性的同时，应注重可持续发展，使受教育者在竞争日趋激烈的社会中获得可持续发展的基本素养和能力。强化以"职业素质"为核心的理念，开展思想道德教育，也是高职院校素质教育的个性化要求，是具有高职特色的素质教育活动。

（一）有效开展职业生涯规划，实现高职教育社会效益

1. 对大学生职业自觉培育的意义

职业生涯规划是大学生职业成功的有效路径，可以使大学生明确今后职业发展的最佳定位，解决好职业生涯中的"四定"——定向、定点、定位、定心，即尽早确定自己的职业目标，选择自己职业发展的地域范围，把握自己的职业定位，保持平稳和正常的心态，按照自己的目标和理想有条不紊、循序渐进地努力。在当前就业日趋困难的背景下，大学生们有必要按照职业生涯规划理论加强对自身的认识与了解，找出自己感兴趣的领域，确定自己能干的工作以及能为社会提供什么，把"我想做的事情"与"我能做的事情"有机结合起来，在社会的需求下实现自己的职业理想，成功实现人生价值。而作为学校，应该帮助学生进行职业生涯规划。

此外，由于长期受应试教育的影响，一些大学生主体意识缺失，导致其社会责任感、独立人格和职业精神的弱化，带来的是盲目服从、随波逐流、人云亦云，读书目的不明确，严重影响主观能动性的正常发挥。大学生职业生涯规划教育可以让学生全面地认识自己的个性、长处与不足，优势、劣势和潜能，认识社会对人才的需求，从而制定自己的职业生涯目标，并自觉地将目标规划转化为行动，增强学习的目的性，增强主体意识。

2. 对高职院校深化教育改革的意义

市场经济时代的到来，要求改革计划经济时代遗留下来的与当今不相适宜的各种教育理念。市场上需要什么样的人才，学校就应着重培养什么样的人才。应结合市场的需求，对专业和课程设置及招生规模做出及时的调整，对课程内容进行相应的更新，促进教学的针对性和时效性。大学生职业生涯规划教育突出了学生的自主性，促进了灵活的选修课制度和弹性学分制的实施，突出

创业精神的培养，推进高职教育从功利性教育向创业性教育转型，把高职教育理念，从服从、依赖、被动、投机、实利转变到自主、参与、积极、自信、自尊上来；把中国人的价值观教育从注重眼前利益、学习分数、升学第一、目的就是一切转变到注重长远利益、动手素质、特性发展、团队精神等价值上来；把计划经济性质的教育转变到市场经济性质的教育上来，从而推动高职院校教育教学改革。

（二）规范学生职业道德行为，体现高职教育改革成果

校园生活是人一生中最宝贵的时光，青年学生在校期间要有意识地培养自己的职业道德品质并根据自身的专业特点形成良好的职业行为习惯。学校应该建设有益于学生培养自身职业道德行为的教育模式和校园环境。

1. 加强专业教育感悟职业道德内涵

职业道德行为的养成离不开专业课程的学习，学生通过专业学习感受和体验本行业、本专业具体而丰富的职业道德内涵，有利于培养良好的职业道德行为。

（1）增强职业期望，遵守职业规范。职业意识是实现职业理想的开端，作为一名高职院校的学生，应学习专业知识、职业技能等，其中尤为重要的是职业规范。职业规范是指某一职业或岗位的准则，包括操作规程和道德规范。增强职业意识，遵守职业规范，是对从业者的基本素质要求，同时也是从业者施展才华，使事业成功、实现人生价值的重要前提。

（2）重视技能训练，提高职业素养。职业技能是从业者进行职业活动，履行职业责任所必须具备的技术能力，包括处理业务的能力、实际操作能力和专业知识的运用能力等。参与专业技能训练的过程也是不断提高职业素养的过程，现代生产技术的进步，使从业者面临不断学习和掌握新技能的问题，因此，做一个有职业道德的从业者，不仅要干一行爱一行，而且要干一行钻一行。

2. 加强社会实践培养职业道德情感

只有不断社会实践，学生的职业道德行为养成才能成为实实在在的东

西，才能促进其知行合一。因此，学校应该在社会实践方面为学生提供更多的机会。

（1）参加实践，走近职业。参加社会实践，培养职业情感社会实践是培养职业情感的有效途径之一。从业者的职业情感是在专业学习，特别是在职业活动中形成的。通常，学生的学习主要在课堂和实验室进行，与社会接触还不多，了解也甚少，所以要高度重视社会实践活动。学生通过参加社会实践活动，达到认识专业、走近职业、培养职业情感的目的。学校社区组织的社会实践，青年学生应该积极主动地去参与，这样有助于培养自己对职业的正义感、责任感、义务感、荣誉感和幸福感等情感。

（2）学做结合，知行合一。在社会实践中，青年学生要把所学的职业道德知识、职业道德规范及在职业实践中经过总结经验教训而获取的正确认识，运用到职业实践活动中去，做到理论联系实际、知行合一。良好的职业道德修养不是凭空得来的，而是与职业实践相联系的自我完善过程。学生只有在职业实践中，才能深刻认识人们之间的职业关系，真正懂得职业道德的规范和要求，逐步培养起相应的职业道德情感和职业道德信念，形成相应的职业道德行为和职业道德品质。

（三）明晰高职院校德育愿景，加快高职教育发展步伐

在新时代的广阔背景下，高职院校作为国家技术技能人才培养的重要基地，其德育工作的战略定位与长远规划显得尤为关键。明晰并践行一套符合时代要求的德育愿景，不仅能够加速高职教育的现代化进程，更是培养既掌握精湛专业技能，又具备良好道德品质的复合型人才的必要条件。这一愿景强调以"立德树人"为核心价值，意味着在传授专业知识与技能的同时，必须将职业道德的培育、社会责任感的树立及工匠精神的弘扬贯穿于教育的每一个环节，以此塑造出一批批能够适应社会经济发展，且具有高度责任感与使命感的未来工匠。

第一，构建"全员、全过程、全方位"的"三全育人"体系，是实现这一愿景的基石。这意味着从学校管理层、教师队伍到后勤保障人员，每一位教职

工都应成为德育工作的参与者,共同为学生营造一个正面、积极的成长环境。在教学活动的每一阶段,从入学教育到专业课程学习,再到社会实践与毕业指导,德育元素均应无缝嵌入,确保学生在学习的每一个关键时刻都能受到正确价值观的引导。通过这种协同作用,形成一种全方位、立体化的教育生态系统,让学生在潜移默化中形成正确的世界观、人生观和价值观。

第二,紧跟时代步伐,创新德育模式是提升教育实效性的关键。在信息技术日新月异的今天,利用新媒体技术手段,如社交媒体、在线平台、虚拟现实等,开展线上线下相结合的德育教育,不仅能够突破时间和空间的限制,扩大教育资源的覆盖面,还能通过丰富的互动形式,如在线讨论、虚拟情境体验等,显著增强德育教育的吸引力与参与度。这种方式能够更好地适应"数字原住民"学生群体的特点,使德育教育更加贴近学生的生活实际,激发他们的学习兴趣与内在动力。

第三,深化校企合作,将企业文化和职业道德教育有机融入实习实训中,是实践育人的又一重要途径。通过真实的工作场景和企业案例分析,学生不仅能够提前熟悉职场环境,学习到专业技能,更重要的是能够在实际操作中深刻体会责任、诚信、团队协作等职业道德的重要性,从而在实践中内化为自身的行动准则。

第四,关注并促进学生的个性化发展,开展分层次、多元化的德育活动,也是提升德育效果的重要策略。根据不同学生的特点与需求,设计差异化的教育方案,如设立领导力培训、志愿服务项目、文化艺术节等,既能够满足学生的个性化成长需求,又能激发他们自我教育、自我管理的潜能,进而促进学生全面发展,形成一个积极向上、充满活力的校园文化氛围。

总而言之,一个明晰而深远的德育愿景,辅以创新的教育模式和紧密的校企合作,将为高职教育的高质量发展提供强大的内在动力,为社会持续输出德才兼备的技术技能型人才,为国家的繁荣昌盛贡献力量。

总之,职业素质是职业自觉的基础,而职业自觉的形成与完善则需要高职院校的努力,是教与学的愿景,而这种努力反过来则会有助于高职院校的可持续发展。

第二节 素质提升是道德教育创新的任务

一、加强职业素质是高职人才培养的总体要求

卓越的职业素质成就卓越的业绩。职业素质的形成往往是在生活中不断学习实践的过程，也是一个不断修正不当行为的过程，既需要主动地学习、实践，更需要通过自己体验、自觉感悟达到自我提高。

（一）加强职业素质培养的现实意义

国家的人才发展战略提出培养高素质的劳动者，把人口大国转变为人力资源大国。加强大学生职业素质培养对促进个体发展及实现人才强国都具有重要的意义。

1. 加强职业素质培养是高职毕业生就业求职的迫切需要

在竞争激烈的就业市场上，大学生急功近利、眼高手低、缺少责任心和团队合作能力、自私、心理承受能力差已成为用人单位最头疼的问题之一，同时存在降低档次就业及非专业对口就业等较严峻的现象，不得不让教育行政主管部门关注就业质量问题。

2. 良好的职业素质是事业成功的必要条件

知识、技能的学习在职业发展中相对来讲是容易的，企业培训也比较容易做到，而员工职业素质的提升更多的是靠其自身的修炼。所以企业在人才的培养和选拔上，更看重员工内在的职业品质。世界五百强企业在员工的培养和重用上，最重视的是进取心与热情、沟通技能、成功经历、理性思考过程、计划与组织能力、抗压能力等要素。所以大学生具备正确的职业理想、职业价值观

和人生观，忠于职守、敬业、实事求是、严肃认真的工作态度，刻苦钻研、精益求精的工作作风及在职业活动中团结协作和全心全意为人民服务的精神，是其展开职业生涯特别是在工作中做出成绩的必要条件。

（二）个人职业素质提升的养成途径与方法

个体职业素质的提升是一个积累经验的过程，也是个体全方位发展的过程，需要个体主动从思想政治、职业道德、心理素质及文化与专业素质等方面坚持不懈地养成良好的习惯。

1. 思想政治素质的加强

要加强基本理论的学习，提高认识。学习政治理论是提高大学生政治思想素质的基础。

一个人的思想品德养成需要一个长期的过程，只有在长期的生活实践中，才能将德育目标和内容转化为自身的行为，才能从思想上的认识转变为心灵的感悟。对高职高专学生进行思想品德教育的目的主要是提高自身的政治、思想、道德、法纪、心理、审美、就业、择业、创业等综合素质。这些综合素质的培养必须在职业教育的全过程中才能完成，如果脱离了职业教育环境，就不可能培养出具有职业特点的高素质高级技能型专门人才。而"体验"是人类生存的基本方式，有重要的道德教育价值。体验教育就是学生通过亲身经历、总结学习做人做事的基本道理，并通过实践转化为行为习惯的过程。高职高专学生应积极走出课堂，运用已掌握的理论，去体验生活、体验社会、体验职业岗位、体验人生，通过情感体验和道德体验去感受、关注和欣赏，去评价某一事件、人物、事实和思想。学生通过直接体验，感受到实践中出现问题的多样化、解决问题方法的灵活性；体验到人与人交往的技巧；体验到现实生活中的真、善、美与假、恶、丑；体验到社会中应担负的责任与使命。在体验中实现由感性到理性的升华，进而养成良好的思想品德行为习惯。

2. 职业道德素质的养成

职业道德素质的养成是指大学生在掌握职业道德规范的基础上，培养自己良好的职业道德人格、职业道德意识，升华职业道德境界，并进行职业道德实践的过程。

联系实际是养成良好职业道德行为的根本途径。职业道德的知行合一的特点要求人们不但要在理论上懂得社会主义职业道德的原则和规范，更重要的是要在实践中正确地认识人与人、人与社会的关系，按照社会主义职业道德的要求，不断地进行自我教育，并用实践结果来检查自己的思想和行为，不断地克服自身的缺点和不良行为，逐步培养起高尚的职业道德品质。

发挥榜样作用是养成良好职业道德行为的重要方法。榜样的力量是无穷的。人们从榜样的身上可以看到应该走什么路，做什么样的人，可以看到自己的不足之处和努力的方向。榜样的示范作用生动、具体、形象，对培养人们的职业道德品质具有很强的感染力和巨大的说服力。

"慎独"也是一种可以借鉴的职业道德行为养成的方法。"慎独"的意思是，道德是人们一时一刻也不能离开的，有道德的人时刻注意自己的行为，尤其在别人看不见的时候更要小心谨慎，在别人听不到的地方更要心存畏惧。如果一个人有违反道德的行为，即使他隐蔽得再好，也会有被人发现的时候。所以在独自一人、无人监督的时候也不做任何不道德的事情。"慎独"既是职业道德行为养成的重要方法，也是一种崇高的思想道德境界。

做好每一件小事（注重细节）也是职业道德行为养成的重要方法。高职学生要时刻提醒自己，细节决定成败，要想在事业上有更大的发展空间，一定要从小事上严格要求自己。例如，早上按时起床，不睡懒觉，就是为养成今后准时上班的良好习惯。

3. 职业心理素质的提升

心理素质水平的提升伴随着职业实践的全过程。在一个人的事业发展中，成功与失败总是结合的，工作中取得的成绩、事业的成功都离不开大大小小的挫折、失败、困难，会带给我们困惑、忧伤。所以，大学生必须充分认识心理素质对于从事职业工作的重要性，有意识地提升自己的心理素质水平。具体应该做到以下几个方面：

第一，树立正确的人生观，始终保持开阔的心胸，提高对心理冲突和挫折的忍受能力，热爱生活，热爱学习。

第二，学习心理学方面的专业知识，加强自身认识。了解自己的个性特点，清楚自己的职业优势和劣势，充分认识自己，正确评估自己，有自知之明，不自卑不自负。只有这样才能更好地确定职业方向，明确就业定位。

第三，掌握一些提升心理健康品质和心理调适的方法，始终保持健康心态。比如积极参加体育运动和适当的情绪宣泄可以减少疾病的发生；积极交友，宽容待人，善于与他人交流思想、感情可以保持心情愉悦和舒适；积极培养自己的各种兴趣爱好，多读优秀的文学、艺术作品，可以陶冶情操和提升自己的情商。

第四，在实践中磨炼意志，把失败和挫折看成职业成长的过程，是心理承受能力提升的重要财富。要勇于接受挑战，敢于给自己压担子，学会坚持。

第五，有心理疾病时要积极寻求专业的心理辅导和治疗。心理疾病会直接影响一个人的工作效率和效果，严重的还会带来健康问题。现代的大学生要有自我保护意识，正视心理疾病，必要时主动地接受专业的心理干预和帮助，将会大大提高自身的适应能力和心理健康水平。

4. 文化与专业素质的储备

一个人的文化与专业素质，决定他在择业时的自由度和取得职业岗位的层次。因此，高职学生应自觉地把大学生活同求职择业乃至将来的职业生涯紧密联系起来，努力做好文化知识和技术技能准备。大学生要努力做到以下三点。

第一，培养科学的思维方式。科学思维方式的培养不是一朝一夕完成的，必须注意平时的学习和积累。一是加强对哲学的学习，提高理性思维方式和能力。二是积累丰富的知识。"巧妇难为无米之炊"，一个人如果只掌握了较好的思维方式和理性思维的一般规律，而缺乏丰富的科学文化知识和有益的实践经验作为思维的基础，是不可能有科学的思维结果和有效地解决问题的办法的。三是学会独立思考问题。善于独立思考的人，既能集中别人的智能，又能超越前人的思想。独立思考需要多思，同时也要博学、善问、勤于钻研和重视思想方法。四是加强自身的艺术修养。艺术和科学是人类文明的两翼，艺术思维和科学思维的结合是智能之源和创新之路。

第二，建立合理的知识结构。随着当今科学技术的飞速发展，社会生产发生着翻天覆地的变化，不仅对知识技能共性的要求越来越多，而且对就业者知识和技能的适应性要求也越来越强。大学生要具备宽厚扎实的基础知识，大容量的新知识储备和扎实的专业知识。

第三，培养较强的实践能力。实践能力是评价高职高专学生职业素质高低的重要标准。高职高专学生应当把积累知识、建立合理的知识结构和培养实践能力结合起来。一般来说，不同的学科和专业对其毕业生有着不同的能力要求，即要求具有从事本专业活动的某些专门能力。但是，无论什么专业的高职高专毕业生要想顺利就业并尽快有所成就，都必须具备一些共同的基本能力。这些基本能力包括表达能力、动手能力、外语能力、计算机操作能力、学习能力、适应能力、人际交往能力、组织管理能力、创新能力、信息收集与处理能力、决策能力等。

5. 身体素质的养成

健康的身体素质是学生职业发展的需要。高职高专毕业生是从事生产、服务和管理需要的一线工作人员，工作环境对职员的体质要求较高，没有强健的体魄，将来很难适应职业对员工体质的需要。身体素质是一个人最基本的素质，健康身体素质的养成依靠健康的生活习惯。学校把加强行为习惯养成教育，强化大学生的体能锻炼意识，提高学生的身体素质作为己任，体现了学校管理者的高度社会责任感和对学生长远发展负责的态度。

同时，身体健康和心理健康是互相关联、互相依存的。加强锻炼可以使身体健康，精力充沛，心理上就会比较乐观，有利于保持良好的学习状态，积极地面对学习、工作和生活中遇到的各种困难。相反，如果身体不好，心理就会相对脆弱，也就容易产生恐惧、烦躁等不良情绪。

因此，为了养成良好的身体素质，在紧张的学习之余，要坚持锻炼身体，养成良好的生活习惯。平时除了上好体育课,参加必要的锻炼,还要制订自己的健身计划,要把锻炼身体作为学习过程中的一件大事对待,使锻炼身体成为习惯。

二、高职学生职业素质的提高方法与途径

高职学生职业素质的提高是一个长期的过程,可以通过多种方法和途径来获得。

(一)将职业素质教育贯穿于整个在校学习阶段的始终

高职学生在校学习阶段的一项重要任务就是为职业生涯做好准备,因此,职业素质教育与就业指导活动应贯穿于整个在校学习阶段。高职学生职业素质教育,是从新生入学开始到毕业结束,从课程设置到培养目标、从课堂教学到实践教学、从专业技能培养到人文素质提高、从专业思想教育到职业道德教育等方面,全方位、多角度、全过程地强化高职学生的职业意识。

培养职业素质,要贯彻素质教育思想。素质教育的实质是促进内在身心的发展与人类文化向个体心理品质的"内化",其目的是提高大学生的整体素质。此外,我们要在在校学习的各个阶段有层次地作出职业生涯设计。从大一开始,认识自己所学的专业,了解将来可能从事的职业范围和将要担当的社会角色,并根据个人的性格特征、兴趣爱好设计自己的职业生涯,对自己今后的职业发展有所考虑。有了明确的目标之后,就会有更高的学习积极性,能创造性地学好专业知识。

目前,在校高职学生绝大多数缺乏对职业素质主动探索的动机。比如,不会思考自己所的专业与自己的职业理想是否有关系,不明白学好专业的路径有哪些,不知道自己该做哪些调整才能适应社会的需求。事实上,新生刚入学的时候就需要作多方面的调整,其中,个人对所选专业的兴趣、制订学习计划等,都与今后想从事的职业目标有关。

职业素质培养应从大一入学开始就探讨职业生涯设计。如果认为工作只是为了赚钱，获得自己在社会生活中的经济地位，我们在校期间的发展眼光很可能就停留在一个狭窄的方向上，而不会探索社会对专业人才的全面要求是什么，从而忽视全面塑造适合自己的职业形象。

（二）帮助高职学生树立科学的职业理想

在学校职业准备阶段，我们应该确立什么样的职业观，树立什么样的职业理想，才能为今后的职业生涯发展打下良好的基础，为今后健康幸福的生活做好铺垫呢？

职业理想有其目标价值，具有超前性和导向性的特点，对我们能够产生吸引和激励作用。目前，高职学生的科学民主精神明显增强，价值取向趋于多元化，这在大学生人群中表现得非常明显。但同时，由于当前国际国内形势的种种变化，有的高职学生对前途感到困惑，有的高职学生思想消极、空虚，终日以游戏为伴，现在毕业生拿不到学历学位双证毕业的现象呈上升趋势。所以，我们只有树立大学生的科学职业价值观，才能把思想道德教育引到积极、健康的方向激发其精神动力，塑造健全的个体人格。职业理想定位科学，可以对今后的一生起到"启明星"式的导向作用。

（三）确立自己的职业目标

1. 了解自己的职业个性

人的个性影响职业行为习惯，每个人都有自己独特的能力模式和人格特征，每种人格模式都有其相适应的职业。人们要想在职业生涯中充分地显示自己的个性特点，实现自己的个性要求，获得尽可能大的自由感、满足感和适应感，那么在择业前就应该了解自己所属的个性类型及其职业适应性。学校设立职业指导咨询中心的目的就是要帮助在校高职学生探索兴趣，帮助大学生寻找与自身特性相一致的职业。例如，喜欢怎样的同事，喜欢怎样的活动，对什么问题特别感兴趣，这类问题都会与个人的工作状态有必然的联系。如果了解到这一点，大学生在确定自己的工作时就会多一层理性的思考，择业的针对性就会强一些。例如，管理者要善于交往沟通，多角度思维，关心下属，而销售工作则必须具有主动、耐心及热情等性格。可以说，从事每一种职业都有一定的职业性格，好的职业性格有助于个体在相应职业中更好地完成工作。

2. 了解自己的职业技能

相应的技能是高职学生进入职业领域的资本。不同的职业会对人们有不同的技能要求。做研究工作要求具有调查、分析、归纳和演绎的技能，高职学生对技能的理解存在一些模糊的认识，普遍认为经过了专业的学习，就有了相应的技能。我们必须了解受教育是学习技能的基础，要把知识转化为技能，一定要经过反复实践或者体验；学会整理自己的技能清单，了解这些技能与自己的职业目标之间的差距，还需要了解弥补差距的途径和方法。

（四）良好的职业心理素质

目前，高职学生的心理问题日益突出，经常有高职学生因心理问题完不成学业，学校对高职学生心理健康教育越来越重视。但是，大学生职业心理素质教育与大学生心理健康教育不同，它们虽然联系紧密，但并非一个概念。高职院校心理健康教育的主要目标和任务是培养学生良好的个性心理品质和自尊、自爱、自律及自强的优良品格，使其具有较强的心理调适能力。而职业心理素质培养所要解决的问题是学生在未来择业过程中所面临的各种具体的心理问题，如职业角色意识、积极心态、抗挫折能力、健全人格塑造、交往能力培养及成功心理的培养等，这些素质在今后的工作过程中将直接与个人的职业发展有关。因此，职业心理素质的培养是一个全方位、全过程的系统工程，大学生必须在教师的帮助下，利用第二课堂、与本专业优秀人士对话等方式来提高职业心理素质。

（五）与社会实践紧密结合

就业的根本问题就是职业素质，而职业素质的提高，要通过社会实践这个途径来实现。因为，一个人的知识，一方面来源于理论学习，另一方面来源于社会实践。理论知识要用于工作实践，并在实践中以"实践、认识、再实践、再认识"这种形式，循环往复以至无穷，而实践和认识每一个循环的内容，都要进到较高一级的程度。

大学生参加社会实践活动，可以与社会接触、与企业相融合，并通过这种融合，使大学生对企业的认识由感性转化为理性，对企业工作环境、内容、方式和状况有实际体验，使大学生的职业素质水平提高到符合企业要求的标准，最终成为企业所需要的人才。

高职学生可以尝试下面的实践法来提高自身的职业素质。

1. 学习有关职业素质方面的知识

利用学校就业指导中心或有关部门参加关于职业生涯与职业素质方面的课程和讲座。同时，还可积极参加主题班会、谈心活动及校友成才报告会等，加深对有关职业素质的认识。

2. 积极参加学校各级学生会、社团等组织活动

高职院校的校园文化活动是非常活跃的，团委、学生会及各类社团经常组织丰富多彩的文化、体育等活动，通过这些活动，锻炼培养大学生的政治素质，提高理论水平与政策水平，提高思想素质，增强集体观念、组织观念和效率观念。同时，还可以培养学生干部宽广的胸怀，宽厚容忍的风度，吃苦耐劳、勇于负责的工作作风。参加这些实践活动可以大大提升学生的职业素质。

3. 参加各种科技创新活动

积极参加各种性质的科技讲座、科技理论研讨会、科技作品竞赛及网页制作大赛等科技创新活动。参加各种科技竞赛活动，如挑战杯科技作品竞赛、创业设计大赛、机器人大赛、技能大赛及数学建模竞赛等，这些科技活动，可以结合教师的科研课题或研发项目，学生可以在教师的指导下，全身心投入其中。通过这些竞赛活动，可以锻炼大学生的学习能力、做事能力及团结合作的能力，提高其科学精神与创新能力，从而提高职业素质与能力。

4. 利用假期、实习期，走向社会进行实践活动

通过社会实践，提高运用理论知识解决实际问题的能力，提高大学生的职业

素质。利用周末、"五一""十一"假期和寒暑假走向社会，了解自身专业发展的市场行情，了解社会和企业对大学生的要求。除参加由学校、学院和社会联合举办的有组织的见习活动外，还要寻找适合自己的单位进行社会实践，使自己对社会和企业有一定了解，为以后顺利走向社会、走向工作岗位打下基础。

三、高职学生职业化的历程是自我约束的自觉过程

（一）职业化的内涵及表现

1. 职业化的内涵

职业化的实现，必然会帮助我们重塑人与人之间的信任，减少人际交往成本，提高整个社会的运作效率。

现在大家都在谈论职业化，那么，究竟什么是职业化？职业化包含哪些内容？关于职业化的定义，有如下几种说法。

第一，职业化是一种潜在的文化氛围。持这种观点的人认为，职业化是一种在职场中专用的语言和行事方法，在职场中的人都用这种语言说话，都用这种行为和道德准则来办事，而一个非职业的人往往不能拥有这种语言和行事规则，因此总是和职业人士合不上拍。

第二，职业化是一种精神，一种力量。职业化是对事业的尊重与热爱，是对事业孜孜不倦地追求精神，是追求价值体现的动力，是实现事业成功的一套规则。简单地说，就是对职业的价值观、态度和行为的规范。

第三，职业化是成为优秀职业人的必经历程。职业化就是为了达到职业的要求所要具备的素质和追求。职业化有很多外在的素质表现，比如着装、形象和礼仪礼节等；也有很多内在的意识要求，诸如，思考问题的模式、心智模式及内在的道德标准等。

职业化就是以最小的成本，追求最大的效益；就是以此为生，精于此道；就是细微之处做得专业；就是用理性的态度对待客户、企业、同事、老板和自身；就是专业和优秀，别人不能够轻易替代；就是不断地进行富有成效的学习；

职业化就是责任心、敬业精神和团结协作等。

职业化，就是具备成熟的职业理念和心态，掌握并熟练应用高效的职业化方法和技能及职业化工具和资源，具备良好的职业形象和礼仪，以提升职业能力，提高工作效能。具体来说，职业理念和心态，包括积极主动、永不放弃、责任心、自信心、进取心、团队精神、敬业精神、创新精神、规范意识和服务意识；职业化方法和技能，包括目标管理、时间管理、科学工作、有效沟通、关系管理、压力管理、会议管理、商务演讲和商务写作等；职业形象和礼仪，包括各种商务场合应该表现出来的专业形象和礼仪。

2. 职业化员工的表现

职业化员工的基本表现可以概括为"三有"，即术业有专攻、举止有分寸、处世有追求。

（1）术业有专攻。职业化的员工应该具备专门的知识与技能。未来企业竞争将是企业专家水平及专家队伍整体水平的竞争。专家型组织是知识企业的主导性业务流程组织形式，具有管理以专家为中心、经营以专家为主体、人才向专家转化及组织向专家团队转化等核心竞争优势。这里的"专家"指的是具有职业化水准的业务流程专门人才。在传统的经济时代，企业一般只需要工程技术、财会等少数领域的专家。而今天，需要专家的领域空前增加，在人力资源、财务、研发、营销、客户服务和管理等方面，甚至在生产一线都需要门类多样的专家队伍。

（2）举止有分寸。职业化的员工应该遵从职业规则开展工作。从基本含义的角度来说，是遵守职业行为规范、标准；从深层次的角度来说，是在心中形成心理契约，将职业规则内化为员工个人的习惯。

根据员工对职业规则的认同程度来区分，可以分成三个层次，第一层次，理解规则并变成自律行为（懂得职业规则并变成自律行为，使自身行为标准化和规范化）；第二层次，运用规则解决问题（学会运用职业规则解决业务问题和各种冲突关系）；第三层次，规则内化为心理契约（职业化规则内化为员工的一种心理契约，大家共同遵守）。

（3）处世有追求。职业化的员工应该具有良好的职业精神，具体表现为敬业、责任、团队、创新和学习五个方面，具体描述如下：

第一，敬业，其核心是热爱工作，把工作当作其生活的一个重要组成部分，并能从中获得乐趣。

第二，责任，其核心是要把事情做对，敢于承担责任。

第三，团队，要有协作精神，善于沟通、协调，而不是各自为政，单兵作战。

第四，创新，要持续改进，自我超越，突破思维局限，善于运用新方法和新流程。

第五，学习，包括两个方面，一方面要持续提高自己终身就业能力，另一方面要总结教训，提炼经验。

（二）高职学生的职业角色转换

不少单位在招聘员工时，希望应聘者具有一定的工作经验。其实，学生在学校所学的专业知识和经验离社会的实际要求肯定有很大的差距，用人单位真正看重的并不是简单的成绩单也不是表面的实践经历，而是职业意识和职业素养。专业知识和经验不是阻碍高职学生角色转化的最大难题，职业态度、职业意识、职业道德、职业行为、职业技能等职业素养才是高职院校的"软肋"，这些方面的欠缺在求职和职业适应阶段都会表现出来，它致使高职学生常常换岗。

1. 高职学生应该通过社会实践逐步使自己职业化

职业化是一种潜在的文化氛围，职业化也是一种态度，更强调自我约束，而一个非职业的人与他们是合不上拍的。

从职业素养的角度，动态地看，职业化就是个性的发展要适应共性的要求，将外在要求内化为自我修养，努力追求成为优秀职业人的历程。职业化就是按照职业要求改造自我的过程。静态地看，职业化就是训练有素、行为规范。当然，我们还可以从各种不同的角度来理解职业化，比如，职业化就是尽量用理性的态度对待工作，职业化就是细微之处能体现专业素养……从外在呈现看，职业化表现在职业资质、职业态度、职业意识、职业道德、职业行为、职业技能等方面的职场需要，其中知识、技能、态度尤为重要；而从内在来看，所有看得见的表现都是由看不见的价值观决定的，因此，职业化是内力的外现。如果细化地将这二者结合起来看，职业化给人的观感是，第一层次看穿衣戴帽，第二层次看待人接物，第三层次则是看价值观。

对用人单位而言，他们强调工作经历，看重的其实并不是跟工作直接相关的技能和经验，而是学生学习和融入的速度，是在工作中培养积累起来的与他人能够融为一体、顺畅衔接的感觉，而这一点其实就是职业适应和角色转化的能力和速度。

2. 高职学生应该面对现实来规划职业生涯

高职学生对于社会和职业常常会有两种较为极端的认识：一种是对于社会和人性的复杂缺乏基本的认知和准备，过于天真和无知；另一种则对社会和人性过于悲观，对现实的无奈和失望，使他们对自己的人生规划抱有强烈的抵触情绪，又因为过于理想化而导致苛刻、偏激、狭隘、封闭。

其实，社会和职业既没有一些人期望的那么美好，也没有想象的那么坏，它复杂而真实，需要我们将片面的、绝对的、理性的、批判式的思维转化为感性的同情式的理解认同，用坚强而温和的眼光和胸怀去接纳，这样的人生态度和境界虽然需要一定的年龄和阅历才能达到，但平时的实践经历能够促使大学生用一种更现实、更客观、更温情的眼光来看待社会、职业和自我，这是大学生转变为职业人必须要做到的。

3. 高职学生应该自觉意识到职场文化作用

一些"太冲、太自我"的学生，不能正确认识社会和自我，直接表现为社会适应能力低下和职业角色意识模糊。

学生应该自觉地意识到校园文化和职场文化的不同，学会控制自己的情绪，不要把喜怒哀乐全表现出来，更不能随便发脾气，影响工作；懂得从实际情况出发去处理问题，不能生搬硬套理想化的模式；正确地给自己定位，高职学生不是天之骄子，而是与别人一样的工作者，不要高高在上，应从最基础的工作开始，老老实实做人，踏踏实实做事。这些都是职场新人容易出错，也需要着力注意的地方。

多项调查和研究表明，高职学生的职业适应和角色转化期大概需要三年的时间。毕业后的一两年，也许是你一生中最痛苦，变化最大，对人生的认识、体会和感悟最多的时期。如果在毕业前你就有一定的社会实践工作经验的话，那么适应速度会很快。

第三节　全面发展是高职人才培养的目标

一、全面发展：德育的根本目标

德育的核心是理想信念教育，德育的目标与任务，归结起来就是促进人的现代化和社会的现代化。对高职院校德育而言，就是培育大学生的职业自觉意识，促进大学生的全面素质发展和社会的和谐健康发展。

1. 实现人的全面发展是社会主义国家德育的根本任务

实现人的全面发展是社会主义国家德育的根本任务，这一目标嵌入于教育体系之中，旨在培养学生成为德才兼备的社会成员。德育不仅关注学生知识技能的提升，更重视其道德品质、思想观念、心理健康及社会责任感的培育。它强调在学生个体成长的过程中，逐步树立正确的世界观、人生观、价值观，使他们成为有理想、有道德、有文化、有纪律的公民。

2. 人的现代化与人的观念现代化是在同一过程中实现的

人的现代化与人的观念现代化是一个相辅相成、不可分割的过程。在推进现代化的国家背景下，人的现代化不仅仅指物质生活水平的提高或科技能力的进步，更重要的是人的思想意识、价值观念、行为方式的现代化。这意味着个体需具备开放创新的思维、积极向上的生活态度、良好的社会适应能力和国际视野。观念的现代化则是这一进程的核心，它涉及对新知识、新技术的接纳，对民主、法治、公平、正义等现代价值理念的认同与践行。德育教育可以引导学生理解并内化这些现代观念，促进其成为现代社会的积极参与者和建设者。

3. 促进学生全面发展，德育担负重要任务

克服片面发展，促进学生全面发展和学生的观念现代化，德育担负着重要任务。其一，现代化观念既要反映时代要求，又符合全面建成社会主义现代化强国的战略安排和目标任务。其二，现代化观念不是一个具体观念，而是反映整个现代社会的观念体系，它的内容是十分丰富的，包括价值观念、民主与法治观念、道德观念，以及与社会主义市场经济、对内对外开放、现代科学技术发展相适应的观念。这些观念的现代化，需要经过长时间的教育、培养、改造才能形成和完善。其三，我们在进行现代化建设过程中，还会经常遇到传统思想的阻碍，这些不利于人的现代化和人的思想观念现代化的因素，需要教育给予及时的、经常的辨析与排除，否则，我们就会陷于传统与现代矛盾的困扰。因此，现代德育的任务是长期的、艰巨的，它应当走在整个现代化建设的前列，为社会主义现代化建设提供思想指导和精神动力。

二、素质拓展：学生的全面发展

素质拓展，又称为素质教育或全面教育，是教育理念和实践的一种发展，旨在促进学生在德、智、体、美、劳等多方面均衡发展，强调培养学生的综合素质，而不仅仅是学术成绩。这一概念是针对传统教育体系中可能存在的重知识轻能力、重应试轻素质等问题而提出的，力求通过多样化的教育活动和社会实践，增强学生的社会责任感、创新精神、实践能力和身心健康。

（一）素质拓展提出的背景与主要内容

1. 素质拓展提出的背景

第一，社会需求变化。随着社会经济的发展和全球化进程的加快，对人才的需求从单一的知识型转向复合型、创新型。企业和社会更看重个人的综合素

质、团队协作能力及解决问题的能力。

第二，教育理念更新。国际上对教育质量的评估开始侧重于学生能力的全面发展，如经济合作与发展组织（OECD）的国际学生评估项目（PISA）不仅考查学生的学科知识，还重视学生的应用能力和创新能力。

第三，应对未来挑战。面对快速变化的世界，学生需要具备终身学习的能力，灵活适应未来社会的职业变迁和技术革新。

2. 素质教育的内容

第一，以"价值观"为核心的三观教育。世界观、人生观、价值观教育在整个德育内容体系中居于核心地位。"三观"体系是一个以价值观为核心的世界观、人生观的有机整体，价值观是信仰的核心，信仰是人类生存的力量源泉，开展大学生素质拓展计划旨在培养大学生养成尊重生命，追求真理，完善人格，热爱人类的品格。

作为高职教育院校的大学生，在成长过程中会遇到各种困难和矛盾，会产生各种困惑和问题，这些问题从根本上讲是世界观、人生观、价值观的形成与确立问题，核心是树立什么样的理想信念问题。加强理想信念教育，引导大学生树立正确的世界观、人生观、价值观，不仅决定着思想政治教育的根本目的、性质，而且决定着思想政治教育的效果。事实证明，大学生能否成长为合格的"四有"人才，最重要的是思想政治素质能否合格。

第二，以"观念教育"为核心的德育教育。"大学生素质拓展计划"旨在引导大学生树立现代观念、开放观念、发展观念、平等观念、开拓观念、竞争观念、团结观念，塑造21世纪的人格品质。通过一系列的素质拓展训练，使大学生逐渐树立这些道德观念。

第三，以"科学精神"为核心的求是教育。培养大学生追求真理的观念，使其具有渊博的科技知识，具有科学性的思维方式与人格品质，具有追求科学知识的献身精神。

第四，以"技能"为核心的实践教育。大学生素质拓展计划以训练基本功为核心，向外扩展，提高大学生知识转化能力，提高大学生未来适应能力，培养诸如计算机操作、英语口语、演讲、市场营销、形象设计等多项技能，使大学生成为技能过硬的人才。

第五，以"心理素质"为核心的情商教育。优秀的心理素质是人类特有的宝贵财富。大学生素质拓展计划旨在培养大学生科学的、正确的自我认知和良好的调节能力。

第六，以"全民健身"为核心的健康教育。健身可以实现对体能和参与精神、拼搏精神、团结精神、挑战精神的锻造。

第七，以"形象素质"为核心的审美教育。大学生必须有形象意识，塑造一种特有的职业精神风貌。大学生素质拓展计划的职业设计环节为大学生提供了走向未来、走向社会的一种整体设计。

第八，以"培养特长"为核心的个性教育。大学生素质拓展计划重在对大学生主体意识、自我意识的培养，让每一个学生都能发现自己的天赋，发展自己的才能，把学生按照教育规律培养成社会所需要的不同规格的人才。

第九，以体现"集体精神"为核心的人格教育。大学生素质拓展计划旨在培养大学生的集体精神，并把这种集体精神与独立人格建设统一起来。

第十，以培养"主体精神"为核心的创造性教育。良好素质的重要标志就是能够进行创造，没有创造就没有发展。高职院校力求营造一个有利于培养学生创造能力，有利于人才脱颖而出的环境。

（二）素质拓展：高职学生的全面发展策略

融合专业技能与素质培养：在专业课程中嵌入素质拓展元素，比如通过项目驱动的教学方法，让学生在完成专业项目的同时，锻炼团队协作、沟通表达、创新思维等非技术性技能。

第一，体验式学习活动。组织户外拓展训练、模拟企业运营、角色扮演等体验式活动，让学生在实践中锻炼领导力、决策能力、抗压能力等，这些活动往往强调"先行后知"，让学生在行动中学习并自我反思。

第二，职业核心能力培养。设计专门针对职业核心能力（如人际沟通、团队合作、解决问题、自我管理等）的素质拓展活动，如工作坊、讲座、职业规划课程等，帮助学生提前适应职场要求。

第三，心理健康与自我认知。提供心理健康教育和辅导服务，开展自我认知工作坊，帮助学生建立正确的自我价值观，提高情绪管理与压力调节能力，培养积极的生活态度。

第四，社会实践与志愿服务。鼓励学生参与社区服务、志愿服务和社会实践活动，通过这些经历增强社会责任感，同时提高社会实践能力和人际交往能力。

第五，创新创业教育。开设创新创业课程和比赛，激发学生的创新思维和创业精神，提供平台让学生尝试将自己的创意转化为实际项目，学习风险评估、市场分析等实用技能。

第六，体育与文体活动。强化体育课程和丰富校园文体活动，通过体育竞技、艺术表演等活动，提升学生的身体素质，培养艺术修养和团队精神。

第七，专职辅导员与导师制度。建立一支专业的辅导员队伍，负责指导学生参与素质拓展活动，并实施导师制，让经验丰富的教师或行业专家对学生进行一对一指导，提供职业规划和个人成长的建议。

第八，评估与反馈机制。建立完善的评价体系，定期对素质拓展活动的效果进行评估，收集学生反馈，不断调整优化活动内容和形式，确保活动的有效性和针对性。

通过这些策略的实施，高职学生能够在理论学习与实践操作之间架起桥梁，实现知识、技能与素质的全面提升，从而为未来的职业生涯和人生发展打下坚实基础。

第三章 高职院校德育教学创新实践

第一节 高职德育实践教学的探索与创新

高职德育实践教学环节是高职德育工作的重要组成部分,也是高职德育课的重要补充。开展好高职德育实践教学,对于高职学生德育素质的提升具有重要意义。

一、高职德育实践教学概述

高职德育实践教学,就是通过实践教学的方式开展高职德育。在以往的高职德育工作中,实践教学环节往往被理解为学生的社会实践,很多高职院校通过社会实践活动实现高职德育实践教学。随着高职德育工作的深入开展,高职德育实践教学有了更丰富的内涵。目前,高职德育实践教学不仅仅包括高职学生社会实践,还包括校园内的德育实践。同样,高职德育实践教学不仅仅是课堂以外的实践活动,也包括课堂以内的实践活动。高职德育实践教学的内涵正在丰富,外延正在拓展,形式也变得越发丰富多彩。

(一)德育实践教学的内涵

1. 社会实践活动

社会实践活动是德育实践的重要组成部分,它为学生提供了走出校园、接触社会的平台。学生通过参与社区服务、志愿者活动、企业实习等社会实践活动,能够亲身体验社会的真实面貌,理解不同人群的生活状态,培养同理心和社会责任感。例如，参与敬老院的志愿服务可以让学生学会尊重老人，接受老龄化社会的挑战；在企业实习则能让学生在职场环境中实践诚信、合作等职业美德，提前适应未来的工作环境。

2. 校园德育实践

校园内的德育实践侧重于营造一个道德教育的微环境，通过校园文化节、主题班会、模拟法庭等形式，让学生在日常学习生活中实践道德行为。比如，模拟法庭活动不仅能够锻炼学生的逻辑思维和法律意识，还能让他们体验到公正审判的重要性；主题班会围绕诚信、感恩等主题展开讨论，增强班级凝聚力，培养学生的集体荣誉感。

3. 专业技能与职业道德融合

在专业教育中融入职业道德教育，旨在培养学生的专业伦理意识。工程类专业强调安全意识和环保责任，教导学生在追求技术进步的同时，不忘环境保护和公众安全；商科教育则强调诚信经营，培养学生在商业活动中遵守法律、尊重合同、公平竞争的职业道德。这种教育模式确保学生不仅掌握专业技能，而且拥有良好的职业操守，成为社会认可的专业人才。

4. 心理健康教育活动

心理健康教育关注学生的内心世界，通过心理辅导、团体咨询、心理剧等方式，帮助学生建立健康的心理状态，学会有效的情绪管理和压力应对策略。良好的心理健康是道德发展的基石，它能促进学生形成积极的人生观和价值观，增强其社会适应能力。

5. 思政课程改革

思想政治理论课的传统教学模式往往偏重理论灌输，而改革后的思政课更加强调互动性和实践性。教师通常采用案例分析、小组讨论、角色扮演等教学方法，引导学生主动思考社会现象背后的道德和政治原理，培养其独立思考和批判性思维能力。这种教学方式使思政课不再枯燥无味，而是贴近学生生活，激发其学习兴趣，提高其明辨是非的能力。

（二）德育实践教学的意义

1. 提升综合素养

综合素养包括道德修养、情感发展、社交技能等方面。

第一，道德修养。德育实践教学通过模拟真实情境，让学生亲身体验道德决策的过程，这有助于学生形成良好的道德判断能力和行为习惯，比如诚实、尊重、公正等。

第二，情感发展。通过参与团队活动、公共事务和志愿服务，学生可以学会共情、表达和控制自己的情感，培养健康的人际关系和情感管理能力。

第三，社交技能。实践教学中的小组合作、沟通交流和冲突解决等活动，能够锻炼学生的沟通、协调和领导能力，使其在未来职场中更加得心应手。

第四，批判性思维。在解决实际问题的过程中，学生需要运用批判性思维去分析和解决问题，这有助于培养其独立思考和创新的能力。

2. 增强职业竞争力

职业竞争力包括职业伦理、适应能力、终身学习等方面。

第一，职业伦理。大学生具备坚实的职业道德基础，如诚信、敬业和团队精神，在职场上可以表现出更高的职业素养，从而赢得信任和尊重。

第二，适应能力。德育实践教学中面临的各种挑战可以增强学生的适应性和韧性，使他们在面对工作中的不确定性时可以从容不迫。

第三，终身学习。通过实践教学，学生学会如何自主学习和持续成长，这对于应对快速变化的工作环境至关重要。

3. 促进社会和谐

第一，社会责任感。德育实践教学鼓励学生参与社区服务和社会公益活动，这有助于培养他们的公民意识和社会责任感，促进社会的公平正义。

第二，文化认同。通过参与多样化的文化体验活动，学生可以增进对不同文化的理解和尊重，促进社会的多元化和包容性。

第三，环境保护。在实践中学习可持续发展的理念，促使学生养成绿色生活的习惯,共同维护地球家园。

总之,德育实践教学对于学生的个人成长、职业发展及社会贡献都有着不可估量的价值。它不仅能够培养出具备专业技能的高素质人才,更能塑造出有道德、有情感、有责任感的公民,为构建和谐社会和推动社会进步贡献力量。

二、高职德育实践教学的提升策略

(一)高职党委要加强高职德育实践教学的顶层设计

高职党委是高职德育实践教学建设的核心力量,高职党委应坚持对高职德育实践教学的全面领导,树立主体责任意识,要把高职德育实践教学摆上重要议程,进行顶层设计;高职基层党组织要发挥组织作用;高职党员教师要起模范作用,抓住制约高职德育实践教学的突出问题,挖掘实践中的德育资源,统筹推进高职德育实践教学落地生根。一是落实高职党委书记及校长等领导高职德育实践教学的带头责任。二是高职党委要加强理论学习、政策研读,进行高职德育实践教学的顶层设计。三是高职党委要发挥主体责任功能,制定高职德育实践教学指导方案和规划纲要,对高职德育实践教学的实施进行整体督导。

(二)发挥高职德育课教师的主力军作用

高职德育课教师是高职德育实践教学的关键,应当发挥积极作用。

第一,发挥高职德育课教师的积极性、亲和力和创造性。高职德育课教师有了积极性,才会以强烈的职业认同感、荣誉感、责任感,有效开展高职德育实践教学。高职德育课教师有了亲和力,才会走进高职学生内心,满足高职学生发展需要和期待,实现"亲其师,信其道",顺利开展高职德育实践教学。高职德育课教师有了创造性,才会在遵循教育教学规律、德育工作规律、高职学生成长规律的基础上,自觉创新教学模式、教学科技、教学方法,有效开展高职德育实践教学。

第二,发挥高职德育课教师的主导、指导作用。其一,高职德育课教师定期参加高职德育实践教学的集体备课，通过讨论、分享，丰富高职德育实践教学的思路、方法、内容等。其二，高职要发挥骨干教师的示范作用，推广先进典型，在高职德育实践教学中，加强交流与观摩，全面提高高职德育课教师的实践教学水平。其三，高职德育课教师要深入学习领会党和国家的理论、方针、政策，结合教学目标和教学内容，在高职德育实践教学中对高职学生进行德育。

第三，提升高职德育课教师实践教学的意识和能力。高职德育课教师要转变传统理念，把立德树人的理念贯穿在实践教学中，要将教书育人、自我修养结合起来，增强立德树人责任感，提升教学能力，在高职德育实践教学中实现价值塑造与知识传授、能力培养的一体化。

（三）发挥高职德育实践教学的主渠道作用

高职德育实践教学要将线上与线下相结合、理论与实践相结合、课内与课外相结合，进一步把高职德育实践教学打造成德育融合的重要渠道。

第一，高职德育实践教学中，科技类的实践课程要培养高职学生学思结合、勇于探索、善于解决问题的创新精神和实践能力；创业类的实践课程要让学生亲自参与，培养学生的创造意识和创业能力；社会类的实践课程要培养学生的劳动精神，教育和引导学生树立正确的劳动价值观，在实践中增长智慧、锤炼意志。

第二，高职德育实践教学中，要创新模式，将德育的内涵植入实践环节，将立德树人贯穿到实践课程的每一个环节，增强学生的获得感，如加强学生对国家的热爱和认同，培养学生的爱国情、强国志、报国行。

第三，高职德育实践教学中，要模式多样，让学生带着问题走进课堂，带着思索深入社会调研，改变以往单一的课堂教学模式，有效地实现德育课与实践课的课内与课外、理论与实践的有机结合，进一步解决学生由于无法认知体验造成不懂不信的问题，进一步提高学生提出问题、分析问题及解决问题的能力。

第二节 高职学生社团德育的探索与实践

随着高职德育工作的深入开展，学生社团作为高职德育工作的重要阵地逐渐受到重视，成为目前高职德育工作的重要阵地和渠道。

一、高职学生社团的概况

提起高职学生社团，很多人并不陌生。高职学生社团是学生日常生活中的重要组织载体，也是高职文化建设重要的基本单元，在丰富学生课余生活、宣传高职校园文化、提高学生思想境界等方面具有重要的作用。

一般来说，高职学生社团是指学生基于共同的兴趣和爱好，在自愿自发的基础上组织起来的，为达成某一共同的愿景或目标而开展各类文化传播、社会实践等活动的非营利性群众组织。

按照主题内容，高职学生社团大致可以分为：公益实践型社团、学术科研型社团、文化娱乐型社团、体育竞技型社团等。高职学生社团是实施素质教育的重要平台，是学生素质拓展的重要组成部分，是促进学生全面发展的有力抓手。

二、高职学生社团的德育价值

通过高职学生社团活动，落实立德树人根本任务，是高职德育工作的重要途径。高职学生社团在高职德育工作方面具有特殊的价值。

（一）塑造高职学生的健全人格

塑造高职学生良好的心理品质，帮助学生培养健全进取的人格，是高职学生社团活动的重要德育功能。在丰富多彩的高职学生社团活动中，学生学会正确认知和处理人与人之间的关系、人与自然之间的关系，有益于培养学生良好的心理品质，培养其正确的认知、执着的意志、完善的性格。借助高职学生社团活动，学生共同学习借鉴、互相切磋技艺，既发展了学生的特长，也加强了交流，增进了友谊，丰富了课余生活。同时，培养高职学生进取的自我观念，认同他人，热爱生活，学会正确地面对和接受现实，乐于工作，从而培养其健全的人格。

（二）提升高职学生的核心素质

高职学生社团能够促进学生全面发展，提升其核心素质。各个类型的高职学生社团活动，在德育价值、功能等方面，各自有所倾向。体育类社团倾向于通过各种各样的体育活动，锻炼学生健康的体魄，促进学生身心健康发展；艺术类社团倾向于借助文艺活动，培养学生感受美、欣赏美、创造美的能力，积淀学生人文底蕴，增强文化自觉和文化自信；科普类社团倾向于依托各种科学普及活动，教会学生学习技巧，培养学生的科学精神、创新素养；环保类社团，引导学生树立尊重自然、顺应自然、保护自然的发展理念，开展各种有关环境保护的活动，形成健康文明的生活方式；志愿服务类社团倾向于组织学生参加各种志愿服务活动，增强学生社会责任感，提升其社会实践素养。

（三）有助于高职学生知识的积累和实践能力的提升

高职学生社团是学生素质教育的重要堡垒，打破了学生专业、年级的藩篱，构建了自发的、自主的、灵活的交流平台。高职学生社团涉及艺术、文化、科技等多个区域，通过社团活动，学生结合时代的特点，围绕专业学科的前沿问题、社会的热点、行业的发展等进行集体头脑风暴，广泛研讨和探索，不但可以培养学生的兴趣特长，挖掘学生的潜能，更能拓展其视野，激发学生的创新思维。尤其是一些与专业学科联系密切的高职学生社团，通过与行业企业和单位紧密结合，围绕专业实践开展活动，进一步巩固、深化专业知识，提高实践操作技能，能够很好地起到课堂教学延伸的作用，有助于学生专业知识的掌握。

（四）有助于营造高职校园文化，形成良好学风

类别齐全、形式多样的高职学生社团，是高职校园文化建设非常有效的途径。学生通过高职学生社团活动，多方位学习与研讨，多层面交流与合作，一定程度上激发学生对自我学习和技能提升产生自觉与自省，增强其对学习的认同感，提高学习兴趣，从而更自觉地提升自己的文化软实力；高职学生社团活动设计的个体主导、朋友之间的团队协作，能激发高职学生对知识学习的渴求，进而形成浓厚的学习氛围。高职学生社团文化的多维化和多样性凝聚成高职校园文化的良好氛围，积极向上的高职校园文化的良好氛围又潜移默化地感染学生，有助于全校形成良好的学风。

（五）有助于高职学生职业能力发展

社团活动提升了高职学生在组织中的人际交往能力，是丰富高职学生业余生活的重要方式。学生通过组织、参加社团活动，与各种人交往互动，能够培养其组织管理能力、交流沟通能力、团结协作能力。一般来说，参加社团活动在缓解学生胆小和紧张情绪，增强自信心等方面能起到特殊的作用。开展社团活动时，由策划到准备再到最终活动的完成，大家围绕共同的活动目标各司其职，也可以增强学生的使命感和责任心。

参加高职学生社团活动，有助于学生提高多项能力，如决策能力、组织能力、判断能力、解决问题能力、社会交往能力等。这为高职学生将来步入社会、进入职场奠定了良好的基础。

（六）有利于高职学生情绪愉悦、身心健康

高职学生社团的活动具有平等、自愿、民主的氛围，打破了年级、班级、专业的界限。同时，社团的成立是基于高职学生的兴趣，并以高职学生为主体开展活动，为其提供了自我表现的机会，搭建了发挥自我才能的舞台，学生通

过参加社团活动可以增强自我的存在感、归属感和成就感，也促进了其身心健康的发展。由此可见，高职学生社团活动的开展极大地丰富了学生的精神生活，使学生感受到校园生活的充实与愉悦。

三、高职学生社团德育工作的实施

高职学生社团以活动为载体，其形式灵活、内容丰富，因此，更容易被高职大学生所接受，更容易激发高职大学生的参与兴趣，可以在潜移默化之中影响高职大学生的思想和行为，起到德育的效果。高职院校要充分认识到学生社团在高职德育工作中具有的特殊价值，给予其明确的定位，在高职学生社团活动中融入高职德育工作元素，让高职大学生在社团活动中得到德育教育，提升自身的道德修养水平和思想政治素质。

（一）进一步健全高职学生社团的制度建设

强化高职学生社团规范工作，完善高职学生社团规范制度，对于推进高职学生社团健康发展，进而提升高职学生社团活动的德育功效，具有重要意义。完善高职学生社团规范制度，能够为学生社团活动德育功效的提升提供制度保证。高职学生团委应该积极发挥对高职学生社团的指导规范作用，逐步完善高职学生社团的规章制度，进一步明确高职学生社团的全程化（成立、注销、年审、组织）建设及活动规范、经费规范和风险防范等工作程序，使社团各项工作有章可循、有据可查。完善的高职学生社团规范制度为高职学生社团考核考评提供了依据，为高职学生社团的发展指明了方向。

（二）有效组织高职学生社团活动

有效组织高职学生社团活动，应注意以下几点：其一，充分思考高职学生社团与高职学生的实际，实施的活动既要吸引力强、丰富多彩，又要结合高职的办学特色、办学条件、地域环境等要素，因地制宜，使得高职学生社团活动的实施具有针对性和现实性。其二，要思考高职学生社团活动德育的拓展连接。比如课内与课外的连接、活动与课程的连接，以发挥高职学生社团活动的德育功效。其三，强化对高职学生社团活动的分类指导。吸收与高职学生社团类型相应的专业教师作为成员，参与到高职学生社团活动中，也建立一支由团委人员、教师组成的专业教师指导队伍，强化高职学生社团活动分类指导，提高高职学生社团活动质量，发挥高职学生社团活动德育功效。

（三）进一步加强高职学生社团管理

高职院校应进一步加强高职学生社团管理，促进德育工作开展，具体包括以下几个方面：其一，为高职学生社团配置德育工作者作为指导教师，帮助高职学生社团开展德育工作，促进高职学生社团中的德育工作得到实效。其二，加强高职学生社团的风气建设，对高职学生社团的管理进行监督，纠正高职学生社团的不良之风，使高职学生社团风清气正，给高职学生带去正面的影响。其三，加强高职学生社团中德育工作的激励，不仅要对指导教师、社团干部进行激励，对于社团成员同样要进行激励，鼓励高职学生社团顺利开展德育工作。其四，规划统筹高职学生各类社团活动的经费、场地、时间等要素，为高职学生社团活动的实施预留经费和时间，尽量改善高职学生社团的活动条件，保障高职学生社团活动的顺利开展。

第三节　高职学生社区德育的探索与实践

随着高职后勤社会化的发展，学生社区在高职校园内兴起。高职学生社区是高职学生日常生活的主要场所，对高职学生的思想成长和行为规范起到了潜移默化的影响作用。随着"三全育人"理念的落实，高职学生社区作为新的德育场域，逐渐成为高职德育工作的研究热点。

一、高职学生社区德育概述

高职学生社区德育属于环境育人、文化育人和服务育人的范畴，是在"三全育人"理念下逐渐被重视的育人新领域。

（一）高职学生社区的含义

社区这一概念对每个人来说并不陌生。目前，我国城市的生活区域主要是以社区为单位的，城市居民的管理也主要是以社区为单位的。形象地说，社区就是指在同一区域内生活的居民构成的共同体。

而高职学生社区，是指在校园内，由学生组成的生活共同体。一般来说，高职学生社区是以学生宿舍为核心，包括食堂、购物、休闲等一系列设施的生活区域。由于学生在社区内的活动时间最长，因此，高职学生社区的管理制度、文化氛围往往能够深刻地影响学生的思想和行为，客观上起到德育的作用。

由此可见，高职学生社区是学生学习生活的主要场所，同时也是开展学生德育工作的重要场域，高职应该充分重视高职学生社区这一德育场域，充分发挥高职学生社区的育人功能，促进学生成长成才。

（二）高职学生社区的特点

第一，群体的单一性。高职学生社区的主要群体是高职学生，这一点与一般的居民社区不同。学生是同龄群体，有着共同的兴趣爱好和知识背景，因此便于达成思想共识，也乐于交流。和一般的居民社区相比，高职学生社区有着更强的交流意识，同时也有着更强的认同感和凝聚力。

第二，管理的统一性。高职学生社区的管理主要由高职院校后勤集团负责，这一点与一般的居民社区不同。因此，高职学生社区的管理具有统一性的特征。和一般的居民社区相比，高职学生社区的管理具有更加广泛的范围，也许有更大程度的强制性，比如高职学生社区的管理往往带有一定的纪律性。

第三，区域的唯一性。高职学生社区往往比较固定，对于高职学生来说，社区的选择并没有多少自主权。在这种情况下，学生往往会服从学校的安排，成为社区的成员。从这个角度来说，高职学生社区对于高职学生具有不可选择的唯一性。

第四，文化的趋同性。高职学生社区里面的学生往往来自同一所高职院校。虽然高职学生社区里的高职学生专业不同，但由于在相同的校园环境内，受相同的校园文化的熏陶，往往具有相同的文化认同。这就使高职学生社区内的文化具有趋同性。

二、高职学生社区的德育价值

随着对高职德育工作的逐渐深入，人们发现了高职学生社区的德育价值，并开始积极研究高职学生社区的德育工作。一般来说，高职学生社区的德育价值体现在以下几个方面。

（一）高职学生社区是提升高职学生社会能力的场所

高职学生社区开启了高职学生的集体生活模式，高职学生在这里要学会处理"自身"与"自治"的关系，厘清公共事务和私人生活的边界，这有助于培养高职学生的公共精神和社会能力。在刚进入高职学生社区时，学生相互之间保持一定距离，通过一般人际交往建立同学情谊。此后，同学之间彼此逐渐熟悉了解，出现明显的情感倾向，开始建立朋友情谊。因此，学生需要有效处理包括宿舍事务在内的各种事务，以此巩固发展友谊。同时，高职学生加入高职学生社区的自治组织等功能型团体，可以形成一个相互联结的网络，在参与高职学生社区集体活动中提升个人社会能力。

（二）高职学生社区是培养高职学生良好习惯的场所

高职学生社区也能潜移默化地影响每个高职学生，让高职学生养成良好习惯，共同成长进步。其一，高职学生社区设施完备、整洁舒适、安全和谐的居住环境和生活氛围，有助于提升学生对追求品质生活的获得感，而获得感的产生能让学生自主调整自己的行动和活动，培养独立意识，提高生活自理能力，养成健康生活习惯。其二，高职学生社区是学生课外进行自主学习的重要场所，宽敞明亮的高职学生宿舍空间、安静舒适的高职学生社区公共自习室等，有助于高职学生增强自主学习驱动力提升学习效果，进而促进良好学习习惯的养成。其三，高职学生社区的管理制度、自律公约等能对学生的行动养成起到反向约束和正向规范作用，能实现他律向自律的转化，使规范的行动逐渐成为良好习惯。

（三）高职学生社区是塑造学生健全人格的场所

其一，高职学生社区是学生群体交流的空间领域。学生通过自身管理、自身教育、自身服务，不断完善独立人格，培养正确的意识。其二，高职学生社区作为学生集体生活的主要场所，是学生产生情感认同的重要载体，为高尚情怀的涵育提供了重要的生成环境。在培养学生对高职学生社区的归属、认同与爱的同时，自然而然涵育了学生的爱校荣校意识，一定程度上有助于培养学生的家国情怀。其三，高职学生社区作为一个集学习、生活、交往等复杂属性相叠加的综合空间，学生的课外学习、生活起居、实践锻炼、社会交往等活动，都是学生"知、情、意、信、行"合一的体现。

三、高职学生社区德育的途径

高职学生社区德育工作需要通过加强高职学生社区的建设，产生潜移默化的影响，进而提升学生的德育水平。

（一）加强高职学生社区设施建设

高职学生社区的设施建设是实施高职社区德育的物质基础。高职学生社区的德育功能需要依托高职学生社区设施来充分发挥。因此，在高职学生社区建设的时候，要充分考虑到学生的各项需求，高职学生社区的设计要人性化，为高职学生社区德育工作的开展提供场所。高职学生社区除具有食宿休闲功能之外，还应该具有文化功能。比如，在高职学生社区设置电子宣传栏，通过口号和标语的形式对学生进行潜移默化的教育。再如，在高职学生社区设置图书阅读室，购置优质的图书，帮助学生提高思想知识水平。又如，在高职学生社区设置相关的展览室、阅览室、会议室，用于开展各种德育实践活动，方便组织各种讲座、报告。

（二）完善高职学生社区自身管理制度

在高职学生社区中，要完善高职学生社区自身管理制度，做到"形散而神不散"，在宽松的氛围中，利用自身制度的完善，提升高职学生社区德育的水平。在组织方面，高职学生社区可以由学生担任社区长、楼长、层长及宿舍长，建立起高职学生社区管理委员会，方便开展各类活动。同时，要将高职学生社区德育活动的组织常态化、规范化，通过学生设计德育活动的创新，调动学生的积极性，让学生在社区的文化氛围中受到熏陶，提升思想素质。需要强调的是，高职学生社区也是高职服务育人的重要场域，高职后勤部门应该做好学生的后勤服务工作，在后勤服务中体现德育功能，从而实现"三全育人"的德育理念。

（三）加强高职学生社区的指导师资力量

做好高职学生社区德育工作，需要加强高职学生社区的指导教师力量。一方面，高职后勤人员应该担负起高职学生社区德育教师的角色，通过后勤服务、社区宣传等方法，加强高职学生社区的德育功能，体现高职学生社区服务育人的作用，把高职学生社区打造成德育工作的重要阵地。另一方面，辅导员应该担负起学生社区德育的工作，专家学者把工作的触角深入学生的生活中、深入高职学生社区工作中，将高职学生社区作为育人的另一个课堂。

四、高职学生宿舍德育工作的开展

高职学生宿舍是高职学生社区的核心。应该说，高职学生宿舍德育是高职

· 69 ·

学生社区德育的重中之重。

（一）高职学生宿舍环境对学生的成长至关重要

很多时候，我们对高职学生宿舍的认识有些片面，认为高职学生宿舍仅仅是学生休息的场所。但事实上，宿舍还是学生休闲、娱乐、人际交往和思想交流的重要场所。对于绝大多数高职学生来说，宿舍都是其最为熟悉、影响最深、最为怀念的场所。因此，宿舍对于高职学生的影响是潜移默化的，对其思想成长和行为规范都至关重要。

（二）高职学生宿舍在高职学生成长方面的主要功能

第一，高职学生宿舍具有促进高职学生心理健康的功能。在某种程度上，宿舍起到了"家"的作用，因此，对于处于心理成长期的高职学生来说，宿舍对于其心理成长起着至关重要的作用。高职学生基本处于相同年龄段，由此形成的同辈群体环境往往具有自由性，在高职学生宿舍，学生可以围绕喜欢的话题各抒己见，进行适度的自身表现，可以有效缓解学习中的压力，降低精神疲劳，获得愉悦的体验。此外，学生遇到烦恼时，可以向舍友倾诉，获得舍友安慰，心理研究表明，人们在倾诉的过程中能够缓解情绪，减轻痛苦，降低压力。与此相反，在高职学生宿舍里，如果舍友之间产生隔阂，缺乏沟通，就会使宿舍关系紧张，舍友之间可能会产生摩擦、冲突和怨恨，进而加大学生的心理压力，甚至引起心理扭曲。由此可见，良好的高职学生宿舍关系对促进学生心理健康发展的作用不可小觑。

第二，高职学生宿舍具有促进学生学习交流的功能。学生在宿舍中交流学习经验、为舍友答疑解惑，在互帮互助中共同进步，不仅有助于舍友学习成绩的提高，还能促进彼此的情谊，营造良好的宿舍氛围。此外，高职学生宿舍成员在宿舍中通过生活经验的交流，开阔眼界，更深入地了解生活，交流生活经验，更有利于适应校园生活。

第三，高职学生宿舍具有提升学生人际交往能力的功能。提升人际交往能力，学会与人交往，是学生走向社会的必修课。在高职学生宿舍里，舍友来自五湖四海，拥有不同生活习惯和行动方式的个人在与他人相处时，难免会产生矛盾，如何处理这些矛盾成为高职学生宿舍生活中必须解决的问题之一。高职学生宿舍文化，是一种学生群体心理环境的体现，通过宿舍文化环境的熏染，学生将文化非强制地迁移到自己的心中，进而内化为价值观。和谐的高职学生宿舍文化能够鼓励宿舍成员在协商中相互忍让，换位思考，为他人着想，在化解个人内心冲突与外界冲突的过程中，提高自己的素质。高职学生宿舍成员之间的相互沟通与包容，有助于增进彼此间的了解，在相识、相知、相亲、相爱的过程中升华感情。

第四，高职学生宿舍具有提升学生自身管理的功能。高职学生宿舍虽然相对宽松，但并非没有规矩：一方面，高职学生宿舍的管理制度和行为规范，强化了学生的自身管理能力；另一方面，高职学生宿舍的文化取向和文化氛围，也潜移默化影响着学生的自身管理意识，起到隐性管理的作用。因此，在高职学生宿舍，学生可以学会利用课余时间安排好学习，提升学习成绩；可以在生活上提高生活能力，安排好自己的饮食起居；可以锻炼情商，处理好亲情、友情、爱情中出现的问题。同时，在高职学生宿舍这个集体生活的空间里，学生既培养了独立性和主人翁意识，也培养了集体观念和团队意识，从更高层面强化了自身管理。

（三）高职学生宿舍对学生成长的实现策略

第一，加强高职学生宿舍设施建设。要充分考虑到学生生活、学习、交流、休闲的需要，要创造窗明几净的空间环境，完善各类设施，使学生生活在舒适的环境中。

第二，加强高职学生宿舍制度建设。要明确高职学生宿舍的管理内容和具体规范，同时，在制度制定与实施中，给予学生人文关怀，让学生有"家"的感觉。另外，要加大对高职学生宿舍的监测力度，选派学生作为管理人员，对高职学生宿舍内存在的问题（如人际关系等）要向老师及时汇报。

第三，加强高职学生宿舍文化建设。要建设积极、健康、向上的文化环境，营造温馨、和谐、友爱的文化氛围，协调学生之间的人际关系，让学生在健康的文化环境内成长。

第四节 高职德育师资队伍的建设

高职德育工作涉及面广，参与人数众多。在这里，我们将高职德育工作者统称为高职德育师资。高职德育师资是开展高职德育工作的计划者、组织者和执行者，目前来看，高职德育师资队伍主要包括德育课教师队伍、辅导员队伍、专业课教师队伍。

一、高职德育课教师队伍建设

高职德育课教师队伍是高职德育工作建设的重要基础，是高职立德树人、铸魂育人的根本力量，因此，加强高职德育课教师队伍建设，对于高职德育工作的开展至关重要。

（一）高职德育课教师队伍的建设目标

第一，教学目标。高职德育课教师要能够胜任高职德育课的教学任务。也就是说，高职德育课教师能够有效传播高职德育课的理论知识，结合学生的学习生活，结合时代发展的特点和现实环境，使高职德育课的内容被高职学生所理解、所接受，实现高职德育课内容入脑入心、入言入行。

第二，实践目标。高职德育课教师要能够适应高职德育实践教学的任务。也就是说，高职德育课教师能够有效指导学生的实践活动。这里的高职学生实践活动，既包括与高职德育课相关的实践教学环节，也包括面向社会的社会实践，还包括高职学生在生活中遇到的实践问题。

第三，教研目标。高职德育课教师要能够在高职德育课学科领域做好教研工作。也就是说，高职德育课教师不能仅仅将自己当作一名"教书匠"，而是要让自己成为一名教学研究者和探索者。高职德育课教师要根据高职德育课的发展情况，用教学研究的方式，分析高职德育课教学中所遇到的问题，并给出解决问题的方案。

第四，创新目标。高职德育课教师要能够在德育课教学领域不断进行创新。也就是说，高职德育课教师不应该墨守成规，而是要以创新的思维来对待高职德育课教学。在高职德育课教学过程中，高职德育课教师要勇于创新，在教学内容、教学方法、教学手段等诸多方面进行创新，促进高职德育课质量和水平的提升。

（二）高职德育课教师队伍的素质要求

第一，理论功底。高职德育课教师所具有的理论功底通常可以分为以下几个部分：一是对马克思主义基本原理的认识。高职德育课教师应该具有系统的马克思主义基本原理的知识，并能够将马克思主义基本原理运用到教学实际，这是德育课教师开展德育课教学的基础。二是对历史知识的充分认识。历史知识中蕴含着高职德育课教学的内容及元素，高职德育课教师只有充分掌握历史知识，才能够灵活使用历史知识这一重要的教学资源，开展德育课教学。三是对社会上的主要思潮和主要价值观有清晰的认识。对学生的思想教育是高职德育课的核心，同时，社会上的主要思潮和主要价值观，对高职学生的思想有着重要的影响，高职德育课教师要充分认识社会上的主要思潮和主要价值观，准确把握学生的思想变化，有针对性地实施高职德育课教学。四是对国内外热点问题的认识。国内外热点问题反映了当下国内外的时局，也反映了我国对待国内外局势的政策，这一部分是高职学生所关心的内容，同时也是高职德育课最为鲜活的素材，高职德育课教师要关心国内外的热点问题，将其转化为高职德育课的绝佳素材。

第二，教学方法。在高职德育课教学中，选择有效的教学方法对于提升高职德育课教学的质量至关重要。因此,高职德育课教师应该改变以往填鸭式的教学方式,不断创新教学方法,提升自身的教学水平。一方面,高职德育课教师要拓宽思路,勇于接触不同的教学方法,并根据具体的教学情况,发现各种教学方法的优势与劣势。另一方面,高职德育课教师要在实践中不断调试、不断创新教学方法,使各种教学方法为高职德育课所用。由此可见,高职德育课教师不但要学习各种教学方法,而且要改造各种教学方法,如此,才能在使用各种教学方法的时候,做到得心应手。

第三,教研能力。高职德育课教师在高职德育课教学的过程中会发现一些问题,并根据这些问题,通过研究,找到解决问题的策略和办法,这些问题就是高职德育课教师的教研问题。一般来说,高职德育课教师面临的教研问题,主要有教学理念更新问题、课程内容改革问题、教学方法创新问题、教学手段更新问题、师生关系问题等。高职德育课教师通过教研活动,不但可以发现高职德育课的教学规律,为其他德育课教师提供有益的经验;而且在教研的过程中,其自身的教学水平也会有很大的提升。由此可见,高职德育课教师的教研活动,既是以研促改、也是以研促教,对于高职德育课教师能力的提升及课程质量的提升,具有重要的意义。

第四,技术能力。在传统的高职德育课教学中,教师只需要一支笔、一块黑板就可以完成教学工作。因此,在传统的高职德育课教学中,并没有涉及高职德育课教师的技术能力问题。但随着现代信息科技的发展,信息技术与高职德育课逐渐整合,在这种情况下,高职德育课教师掌握现代信息技术成为必然。目前来看,现在信息技术已经广泛应用于高职德育课教学,在这种情况下,提升高职德育科教师的信息素养,帮助教师提升信息技术运用水平,才能使教师较好地运用现代信息技术,开展德育课教学。由此可见,加强高职德育课教师的信息技术运用能力,既是高职德育课自身发展的要求,也是信息时代教学新模式的要求。

(三)高职德育课教师队伍的建设路径

第一,明确高职德育课教师的责任和使命。高职德育课是高职德育工作的主渠道和主阵地,高职德育课教师是开展高职德育工作的关键。因此,要明确高职德育课教师的责任和使命。是培养德、智、体、美、劳全面发展的社会主义建设者和接班人，是培养可堪重用的时代新人，所以，高职德育课教师应该把立德树人、铸魂育人作为自身的责任，并具体落实到高职德育课的教学中。

第二，夯实高职德育课教师的理论知识基础。理论知识是开展高职德育教学工作的重要基础，也是高职德育课的基本内容。提升高职德育课教师的水平，首先要提升高职德育课教师的理论知识基础。一方面，要通过集体学习、集体备课的形式，强化高职德育教师的理论学习，扎实高职德育教师的理论知识基础。另一方面，学校还要邀请知名专家和学者，通过专题讲座的形式，画龙点睛，帮助高职德育课教师打好理论知识基础。

第三，丰富高职德育课教师的社会经验积累。高职德育工作与社会息息相关，高职德育课的很多内容与社会发展紧密相连。因此，高职德育课教师在授课的时候，需要一定的社会经验。因此，一方面，高职德育课教师要积极展开社会调研，走进社会、接触社会，在社会调研中积累社会经验。另一方面，高职德育课教师应积极参与社会实践，因为实践出真知，走入社区、企业、乡村可以更加全面地了解社会，积累社会经验。

第四，提升高职德育课教师的综合教学能力。目前，随着社会的发展、科技的进步，高职德育课正在发生重大的改变。无论从内容上还是从形态上，今天的高职德育课与以往的高职德育课已经不可同日而语。为了能够适应当前高职德育课的发展，高职德育课教师要提升自身的综合教学能力。一是提升高职德育课教师改造课程内容的能力，将教材体系转变为教学体系，并加入特色教学内容，使高职德育课能够满足高职学生成长成才的需要。二是提升高职德育课教师教学方法创新的能力，鼓励高职德育课教师引入新式教学方法，根据德育课的需要加以改造，提升高职德育课的教学水平。三是提升高职德育课教师运用信息技术的能力，全面提升高职德育课教师的信息素养，使高职德育课教师能够在信息技术的环境下自如地开展教学。

第五，提升高职德育课教师的课程教研能力。随着高职德育课的发展，学生对高职德育课的要求不断提升。如何探索高职德育课的开展规律，如何解决高职德育课中出现的种种问题，成为高职德育课教师所面临的新挑战。高职德育课教师不仅仅能够在课堂上授课，还需要对高职德育课的规律进行探索，对高职德育课中出现的问题进行分析，并利用高职德育课的规律来解决课程中出现的问题，提出行之有效的方案。这就要求高职德育课教师具有很强的教研能力。提升其课程教研能力，可以从以下两个方面入手。一方面，鼓励高职德育课教师参与高职德育课教改立项活动中，深入开展高职德育课教研活动，在实践中提升教师的教研水平。另一方面，鼓励高职德育课教师参加各类学术论坛、研讨会，启迪教师的思路、开阔教师的视野，从而提升教师的教研水平。

第六，提升高职德育课教师的教学创新能力。我们身处一个创新的时代，创新是时代发展的不竭动力。虽然高职德育课的内容在一定程度上显示出稳定性，但随着高职学生需求的不断改变，高职德育课的内容与形式不断创新也成为必然。在这种情况下，高职德育课教师要有教学创新能力，才能适应高职德育课的不断改变，始终保持较高的教学水准。提升其教学创新能力，要从两个方面着手。一方面，要鼓励高职德育课教师进行教学创新，要让其具有创新的意识，同时要加强激励，给予其创新更多的动力。另一方面，要给予高职德育课教师教学创新充分的物质保障，给予全方位的支持，使其顺利完成高职德育课教学创新的全过程。

二、高职辅导员队伍建设

高职辅导员是一个非常重要的角色。高职学生一直是在高职辅导员的指导和帮助下成长的，因此高职辅导员对于高职学生的影响往往是非常深远的。虽然长期以来，高职辅导员被认为只起到隐性的教育作用，但其潜移默化的教育作用依然是不可忽视的。

（一）高职辅导员的职责

对于高职学生来说，高职辅导员并不陌生。一般来说，高职辅导员具有生活、教育、管理三个方面的职责。

在生活方面，高职院校辅导员负责学生在校期间的基本生活，包括住宿、饮食及健康等。辅导员往往承担着学生生活教师的职责。因此，高职学生与辅导员有着较为密切的联系，也有着较近的心理距离。一些学生遇到生活困难，往往都会找辅导员来解决。正是这种特殊的较为亲密的关系，使得辅导员对学生的思想产生了重要的影响。

在教育方面，辅导员负责学生的日常教育。一方面，辅导员负责学生日常的思想教育。这一点也是辅导员最重要的职责。在日常的生活中，辅导员通过个别谈话、组织活动等多种形式，引导学生树立正确的价值观，促进其思想成长。另一方面，辅导员负责学生日常的行为教育，如果有学生出现行为失范的现象，辅导员要对其进行教育，进一步规范其言行。由此可见，辅导员对于学生的教育是在日常开展和进行的，既包括思想层面的教育，也包括行动层面的教育，既有隐性的教育，也有显性的教育，既有面向高职学生群体的教育，也有面向高职学生个人的教育。因此，辅导员在教育方面实施的内容是非常全面的，承担的教育功能也是多样的。

在管理方面，辅导员负责学生在校期间的日常管理。如日常生活的时间安排、日常行动的行为规范、日常表现的综合评价等。应该说，在高职学生管理方面，辅导员的职责是非常复杂的，也是非常全面的，几乎涉及高职学生日常管理的方方面面，是其日常生活的主要管理者。

（二）高职院校辅导员的素质要求

辅导员的素质，要满足高职学生的日常管理、日常教育，能够帮助高职学生的日常生活。因此，高职院校辅导员与高职德育课教师在素质要求方面具有明显的不同。具体来说，包括以下六个方面。

第一，辅导员应该具有热爱学生、帮助学生的热情。辅导员是学生的领航者和引路人，可以说，辅导员最大的任务就是帮助学生思想成长与行为成长。因此，辅导员必须对自己的服务对象——高职学生饱含热情。一方面，辅导员要热爱学生，真正地关心学生，想学生之所想，急学生之所急。另一方面，辅导员要提高业务水平，锻炼解决学生生活学习中各种问题的能力，为学生保驾护航，帮助学生成长成才。

第二，辅导员应该具有不怕麻烦、不怕困难的毅力。众所周知，每个高职学生面临的问题不同，个性也不同。因此，辅导员在工作中面临的问题也是不同的，而且有相当多的问题很棘手。这个时候，辅导员能顶住压力，不怕困难、不怕麻烦，直面问题、解决问题，既能够在各种繁杂的事物中，充分发挥自己的聪明才智，游刃有余地处理各类学生的问题；同时，也能够面对各类困难的问题，积极考虑解决问题的办法，竭尽全力解决问题，为高职学生的成长贡献力量。

第三，辅导员应该具有全力奉献、不求回报的美德。高职学生工作看似简单，实则需要耗费辅导员巨大的精力，因此，辅导员是一项辛苦的工作。在这种情况下，辅导员应该本着为党育人、为国育才的精神，秉承全力奉献、不求回报的美德，全心全意为高职学生服务。一方面，辅导员应该全力奉献，不落下一个学生，让每个学生都获得充分发展的机会。另一方面，辅导员应该以无私奉献的精神，竭尽全力，帮助学生成长成才，努力做一名合格的高职教育工作者。

第四，辅导员应该具有培养学生健康身心的能力。高职学生的健康问题一直是高职院校辅导员应该关注的问题。目前来看，学生的健康问题较为复杂，既有心理健康的问题，也有身体健康的问题。辅导员应该了解心理健康和身体健康方面的知识，以便能够及时处理学生心理健康和身体健康方面出现的问题。学生身体健康方面一旦出现问题，辅导员应及时联系医院进行救治。而学生心理问题则处于隐性状态，一般很难被察觉。心理方面的问题一旦爆发，则会引发心理疾病及心理危机，造成严重的后果，因此，辅导员要高度关注学生心理方面的问题，帮助学生调适心理问题，提升心理状态。这里特别需要说明的是，辅导员同样要关注学生的安全问题，通过安全讲座和安全宣传，提升学生的安全意识，强化学生的安全能力，确保学生健康平安地生活与学习。

第五，辅导员应该具有思想教育和行为规范的能力。高职学生的思想成长和行为成长也是高职辅导员应该负责的重要内容。一般来说，辅导员对学生的思想教育，不仅体现在日常生活中，如与学生个体的谈话等，还体现在辅导员个人魅力的展现。也就是说，辅导员的"三观"，往往会影响学生的思想。同样，辅导员的行为教育，也主要以辅导员的言行示范教育为主，也就是说，如果辅导员的言行足够正确、准确、得体，能够很好地影响学生的言行发展。

第六，辅导员应该具有开发和运用信息技术的能力。信息技术与高职学生的生活和学习联系紧密。辅导员在与学生沟通交流的时候，也往往会运用到信息技术。比如，使用微博和微信群传递信息，改变以往纸质信息传递和网站信息传递的形式；再如，辅导员应该通过自媒体向广大高职学生推送思想教育的内容，帮助其提升思想认识，提高思想境界。

（三）高职院校辅导员队伍的建设路径

第一，加强辅导员对德育工作的认识。要明确辅导员在高职德育工作中的角色，要清楚地认识到高职德育工作中日常德育工作的价值。因此，辅导员要重视日常德育工作，发挥辅导员在日常德育工作中的重要优势，紧紧把握日常德育工作的特点，促进学生的思想成长，规范学生的言行。

第二，突出辅导员在高职德育工作中的地位。一方面，高职院校要明确隐性德育在德育工作中的重要作用，明确日常德育工作在高职院校工作中的重要地位。另一方面，要给予辅导员在高职德育工作中正确的角色，让辅导员可以名正言顺地开展高职德育工作，发挥自身在高职德育工作中的重要功能。

第三，强化辅导员在高职德育方面的培训。一方面，高职院校可以组织辅导员参加系统的德育工作培训，从理论知识提升、教学方法创新、教学手段创新等诸多方面，提高辅导员的德育工作水平。另一方面，高职院校可以组织辅导员参加各种形式的经验交流与学术交流，从实践角度提升辅导员的德育工作能力，从而更好地在日常工作中提升德育工作水平。

第四，给予辅导员开展德育工作的保障。比如政策的保障、时间的保障、设备的保障、场地的保障以及人员的保障等。高职院校应该给辅导员更多的支持，协助辅导员组织各类德育工作活动，这样才能够激发辅导员积极开展德育工作的热情，才能真正发挥辅导员开展德育工作的积极作用，才能切实提高高职学生的思想水平和行为水平。

三、高职院校专业课教师队伍建设

高职院校专业课教师是教师队伍的主体部分。在高职院校教师队伍中，高职院校专业课教师人数最多，覆盖面最广，对于学生的成长成才起着不可或缺的作用。近年来，随着高职德育工作的开展，特别是"三全育人"理念的实施，高职院校专业课教师队伍成为重要的高职德育工作主体。

（一）高职院校专业课教师的德育使命

很多人认为，高职德育课教师是从事高职德育工作的主体，高职院校专业课则可以不开展德育工作。事实上，这种观点是错误的。一方面，从历史上看，在工业化时代以前，所有的专业课程都兼具专业功能和德育功能，也可以说，德育功能是专业课原本的功能之一，只不过后来强化专业教育，才将德育功能从专业课中强行剔除。另一方面，从现实需要来说，德育工作是一项重要的工作，也是一项漫长的工作，仅仅依靠高职德育课是远远不够的，因此，也需要高职院校专业课这样的载体来实施德育教育，发挥其德育功能。况且，高职院校专业课具有鲜活的德育素材，是高职德育教育良好的载体。

所以，近年来，我国德育工作领域提出了开展课程思政的德育实施模式，要求高职院校专业课教师结合自身专业的特点，开展德育工作。在高职院校专业课中开展德育工作，既是高职院校专业课的应有之义，也是高职院校专业课教育功能的一次完善与回归。所以说，高职院校专业课教师要承担起高职德育工作的使命，以高职院校专业课课堂为阵地，结合专业课特点开展德育教育工作，完成立德树人、铸魂育人的历史使命。

（二）高职专业课教师的素质要求

显然，为了能更好地开展德育工作，高职专业课教师需要涉猎一些德育理论知识，积累一些德育教育经验，才能在专业课教学中自如地开展德育教育。除此之外，一般认为，高职专业课教师的素质要求，具体有如下几个方面。

第一，明确角色定位是高职专业课教师德育育人的基础。长期以来，大家普遍认为高职学生德育的责任由高职德育课教师和高职辅导员承担，高职专业课教师没有德育的责任，在专业教学要求中也没有提出明确的德育要求。这可能是高职专业课教师对"德育工作"的理解与"育人"功能定位的理解出现了偏差的原因。高职专业课教师应充分发挥自己的专业优势，自觉担当德育育人责任，有效利用课堂教学、实践教学、创新指导等教学实践活动，既"教书"又"育人"，让学生在学习专业知识的同时，还学会做人做事。

第二，弘扬高尚师德是高职专业课教师德育育人的保证。作为高职专业课教师，在教书育人的过程中，"言传"与"身教"的高度统一是至关重要的，对高职学生良好习惯的养成、社会公德的培养、个人品德的形成都会有潜移默化的功用。高职专业课教师应不断加强自我修养，以高尚的师德、正确的思想来引领学生成长，做学生的好榜样。高职专业课教师严谨认真负责的态度、全身心投入教学工作的敬业乐业的精神和严加管理的行为，对学生也会产生良好的引导作用。

第三，具备扎实学识是高职专业课教师德育育人的保障。为了当好学生的人生引路人，履行好教书育人的职责，高职专业课教师要不断完善自己的理论知识结构和专业知识体系，不断提升教学能力和教学水准，不断提升科研能力和科研水准。高职专业课教师应熟知自己的学科前沿和学科发展趋势，精通自己的专业领域，懂得遵循教育教学规律和学生认知事物的过程，引导学生主动去思考，积极去实践，乐于去创新。

第四，拥有仁爱之心是高职专业课教师德育育人的关键。高职专业课教师在实施教育教学过程中，心中一定要把学生放在第一位，思学生所思，想学生所想,换位思考,严管厚爱,杜绝简单说教、伤其自尊,争做学生的良师益友。要时时关心学生的学习与生活,关注学生的心情与情感,对学生充满爱心和耐心。

(三)高职专业课教师队伍的建设路径

第一,提高德育意识。一是所有的高职专业课教师都承担育人使命,都应思考如何不忘育人初心,明确立德树人根本任务。二是要克服"不懂、不会、不愿"这些难题,发挥高职专业课教师主观能动性,加强德育理论学习。

第二,改革内容方法。要深入分析学情,掌握学生的身心特点及应对方法。一是内容上要新,在专业课教学的基础上融入德育要素,形成具有德育特色的高职院校专业课内容。二是授课方式要新,课程中采用示范教学、情境教学、角色扮演、问题导入、专题嵌入、案例讨论、故事讲述等隐性渗透方法启发引导学生,开展德育工作。

第三,提升教师素质。作为高职专业课教师,不仅要有渊博的学识,精湛的专业技能,同时还应该具有高尚的情操,育人为乐的师长情怀。所以,高职专业课教师要努力提升自己的学识,提升自己的教学水平,为学生奉献精彩的专业课,并给予学生德育启迪。高职专业课教师还要以身作则、以身示范、以行动去感召学生。

第四,拓宽提升路径。一方面,高职院校可以邀请相关的专家学者,来校对专业课教师进行德育的培训,提升专业课教师的德育理论基础与德育教学经验。另一方面,高职专业课教师可以走出去,通过观摩及学术交流,提升自己开展德育活动的水平,更好地在高职院校专业课教学中实施育人,促进学生专业能力与思想的共同成长。

第四章 高职院校德育改革的实践

第一节 依托心理健康教育提升高职德育水平

一、高职院校德育与心理健康教育的关联性与差异性

（一）关联性

1. 内容与形式的关联性

在教育方向视域下，高职院校开展德育工作，是在思政教育基础上，依托道德与品质教育，培养学生良好的道德意识，并立足于教育的倾向性特点，开展当代高职大学生的道德教育与培养工作。立足于教育倾向性角度，可以作为实现道德教育目标的基础和前提。同时，了解高职大学生的基础认知、情感和意志，继而明确大学生道德心理表征，促进其不断自我完善，形成思政辨析能力。而在该教育体系下大学生的成长，以及受教育路径，与心理健康具有高度契合性，也体现出德育与心理健康教育内容方面的关联性。在学生思想状态视域下，在开展大学生心理健康教育过程中，主要结合其本身的思想动态，依托解决心理障碍问题，进行思想价值观的有效引导，发挥德育功能。例如，针对当前大学生群体中较为普遍的失恋问题、就业压力导致的情绪低落问题，可以通过心理健康教育引导，使学生转变悲观情绪，树立学习和生活的自信心。德育工作的实施，是强化学生理念与信念教育，是心理健康教育效果的进一步拓展延伸，有助于学生端正学习理念和态度，二者之间存在密切关联性。

2. 方法与效果的关联性

从高职院校德育与心理健康教育方法层面，二者的观念可以在开展学生

教育过程中同步发挥作用。例如，在高职院校开展教育活动的过程中，可以依托榜样引导作用，构建心理健康与道德品质关联的教育体系，以此在大学生教育与培养过程中，培养其良好的思维习惯。在教学效果视域下，大学生德育是将政策和任务相结合的教育形式，是规范学生的思想和行为。而大学生心理健康教育，是结合当前大学生所产生的实际问题，并根据问题的实际表征，构建心理健康教育体系，继而促使学生形成积极健康的心理状态，独立解决日后学习和生活的相关问题。在教育方向视域下，高职院校作为人才培养的主阵地，不仅要引导学生掌握扎实的理论知识和专业技能，而且要使大学生在就业过程中体现出良好的岗位适应能力。通过将德育与心理健康教育相结合，能够有效发挥二者教育效果的互补作用，使大学生不仅可以掌握专业技能、满足职业要求，而且有利于构建更为完善的融合教育体系，促进大学生的全面发展。

（二）差异性

高职院校德育与心理健康教育存在密切关联性，也存在诸多差异性，主要体现在以下几方面。其一，二者具有差异化理论基础。高职院校德育工作立足于马克思主义基本理论，而心理健康教育则是基于心理学、教育学理论组织开展教育工作。其二，二者体现出差异化教育特征。高职院校开展德育工作的过程中，通常会受到文化、地区等因素的影响，教育具有融合性。心理健康教育则结合广泛的学科理论，利用教育方法和手段，引导和规范学生的心理。其三，二者面向教育实际的差异性。高职院校德育对于学生来说，是将学生设定为塑造主体，依托教育和引导，使学生不断提高思想认知，实现自我提升与完善。心理健康教育是将学生作为受教育主体，通过既定的教育模式，规范和约束学生的思想和行为。其四，二者具有差异性教育内容。高职院校德育的主要内容为思想、道德与政治教育，通过引领大学生明辨是非、明晰社会规则，培养学生良好的道德品质。高职院校心理健康教育是围绕心理学知识，培养学生的思想及人格，有助于学生形成自尊、自信、自律精神，形成健全完善的人格体系。

二、高职院校德育与心理健康教育融合的基本原则

（一）和而不同原则

高职院校德育与心理健康教育融合发展的过程中，其本质并不在于消除二者之间的差异性，而是在尊重差异的基础上，促进二者深度融合。由于高职院校德育和心理健康教育之间存在内在关联性，但二者之间也有一定的差别，所以在融合发展进程中，不能将心理健康教育完全纳入德育体系，而是将德育与心理健康教育之间具有密切关联性的内容进行整合，继而依托心理健康教育的融合，弥补传统德育存在的不足。无论是德育还是心理健康教育，均是精神层面的教育内容。在二者相互融合与渗透的过程中，应将和而不同作为基本原则，关注二者的关联性和差异性，实现科学整合，继而取得理想的育人效果。

（二）与时俱进原则

当今社会呈现出飞速发展态势，知识更新速度明显加快，且形成了各类新兴技术和文化。不断衍生的新问题必然会导致大学生存在道德或心理问题。同时，当前大学生面临十分严峻的就业形势，心理素质水平不高的大学生不具备解决心理问题的能力，难以适应就业压力，就会产生诸多心理问题和负面情绪。当前高职院校中出现的一些恶性伤人事件，很多是由于学生道德水平滑坡以及心理问题而引发的。且这些问题体现出时代性特点，在开展德育与心理健康教育的过程中，面对诸多新问题，须采取新的教育方法。因此，要求教育工作者遵循与时俱进的基本原则，在开展各项德育工作过程中，关注大学生精神层面存在的问题，并剖析问题产生的原因，继而针对性加以解决，培养当代大学生健全完善的人格，实现其自我成长和发展。

（三）理论结合实践原则

理论发挥着指导作用，而实践是检验理论的主要途径，二者之间存在统一的关系。对此，高职院校在开展德育与心理健康教育的过程中，需要具备坚实

的德育和心理健康理论知识基础，并以理论指导各类实践活动的有序开展。针对高职院校德育与心理健康教育而言，实践是至关重要的环节，脱离实践的融合发展，难以发挥二者融合的应有价值。因此，高职院校须在着力夯实二者理论基础的前提下，不断融合社会实践活动，充分体现出学生的主体地位，继而在丰富多样的实践活动中，实现自我磨砺与提升，形成良好道德品质与心理健康状态，巩固二者融合实践的育人效果。

三、建构心理健康教育体系高职德育水平

（一）构建"五育并举"的心理育人系统，实现三全育人

《全面加强和改进新时代学生心理健康工作专项行动计划》中提出五育并举促进心理健康。高职院校的德智体美劳教育中要融入心理健康教育，以"五育并举"的大格局推进高职院校的心理健康教育工作。"以德育心"要将心理健康教育贯穿德育工作全过程，服务于学生成长成才，引导学生树立正确的世界观、人生观、价值观，培养学生坚定的理想信念，厚植爱国主义情怀。"以智慧心"要求教师在学科教学中维护学生心理健康，做到既教书又育人，教师根据学生心理发展规律，运用心理学知识优化教学内容和方式，促进学生思想道德素质、科学文化素质和身心健康素质协调发展。"以体强心"要充分发挥体育运动对调节学生情绪和纾解压力的作用，上好体育课同时培养学生的运动技能，增强学生体质，让学生在体育锻炼中享受运动乐趣，达到健全学生人格，锻炼学生意志的目的。"以美润心"要充分发挥美育教育温润心灵的作用，让学生从形式多样、内容丰富、积极向上的美育实践活动中认识美、欣赏美、创造美。"以劳健心"要求拓展劳动教育的实施途径，让学生在劳动实践中出力流汗，磨炼意志品质，养成劳动习惯。

（二）构建多元化心理健康教育课程教学体系，实现课程育人

高职院校要加强心理健康教育工作，就要充分发挥课堂教学的主渠道作

用，构建以公共必修课为主，选修课为辅，专业选修课为补充的心理健康教育课程体系，实现课程育人的目标。心理健康必修课应面向全体学生，以帮助学生掌握心理健康知识和技能为目标。选修课关注学生个体差异，开设恋爱心理学、人际沟通心理等，提高学生利用心理学知识解决实际问题的能力。专业选修课则以心理素质培养与专业相结合为宗旨，开设专业特色鲜明的心理学类课程，如秘书心理学、旅游心理学、酒店管理心理学等，全面提升学生的职业心理素养和能力。

（三）构建专业化心理健康咨询服务体系，满足大学生心理需求

高职院校构建专业化心理健康咨询服务体系应从三方面着手：一是健全校院两级心理健康工作模式，完善工作流程和标准。校级心理健康工作重点是组织开展心理辅导与咨询工作，举办心理督导和案例研讨等。二级学院的工作任务则是帮助学生解决一般心理困惑，不定期开展心理危机排查与评估约谈，形成"在工作中发现学生心理问题，在解决问题过程中加强学生教育"的工作机制，保障学生的心理健康和生命安全。二是强化分类指导，建设大学生领导力提升、人际关系改善、压力管理等团体心理辅导项目，满足不同学生群体需求，助力学生成长。三是开展个体咨询，为学生提供及时有效的心理健康咨询服务，帮助学生纠正认知偏差，改善情绪状态，提高学习效率，拥有健康心态。

（四）构建系统化心理健康监测及危机预警干预体系，关注重点人群

高职院校应建设常态化、系统化、动态化、科学化的学生心理健康监测及危机预警干预系统。一是心理健康监测实现常态化和系统化。学生入学后进行心理健康普测，建立心理档案，并锁定经济困难、家庭特殊人群，建立重点关注学生的"一生一档"。第二年的心理健康监测可聚焦学业困难、人际关系困难群体。毕业生心理健康监测重点则是就业困难及职场适应不良群体。心理健康监测要把解决心理问题与解决实际问题相结合，做好教育引导和心理疏导工

作。二是建立心理危机预警指标体系，将定量监测和定性监测相结合。定量监测指使用心理量表进行测量，结合学生的家庭状况、学业情况及身体健康等情况，对学生心理问题的严重程度及应采取措施进行判断，及时做出危机预警并实施干预。定性监测则是使用观察法、心理访谈法、关键事件晤谈法等，对学生心理健康进行定性判断。将学生的言谈举止、情绪情感、学习态度、人际交往、作风纪律、重大事件等纳入定性监测指标。三是建立完善的心理危机防控流程。通过"个人—寝室长—心理委员—辅导员—心理健康教师—专科医生"心理危机防控流程，努力做到心理危机尽早发现、及时干预和有效控制。四是建立医校联动机制，畅通转接就医通道。高职院校与专科医院签署合作协议，为面临心理问题的学生提供转接诊断和治疗的绿色通道。定期邀请专科医院精神科或心理科医生到校，对心理健康教师、辅导员、学生工作人员及全体教师进行危机干预的相关培训，提高心理教师及学工队伍对学生心理危机的甄别、沟通与干预能力。高职院校的心理健康教师也可以就学生的心理问题与医生展开讨论，征询专业医生意见，以提升心理危机干预效果。

（五）构建多样化的心理健康教育实践活动体系，普及心理健康知识

依托校团委、学生会、心理中心、心理社团等载体开展心理育人实践活动，利用社会、学校、二级学院、班级等拥有的心理健康教育资源，结合重要活动和时间节点，多渠道、多形式开展心理健康教育宣传实践活动，可定期与不定期活动相结合，系列活动与临时活动相结合。例如，5月可结合"5·25大学生心理健康日"开展心理剧大赛、心理微电影大赛、心理知识大赛、心理绘画大赛、植物养心等系列活动。9月可针对新生开展入学适应心理健康教育活动，将学生学习生活、宿舍关系、朋辈心理互助等项目纳入活动。面对突发危机事件，可针对特定人群，开展临时性活动。高职院校开展心理健康教育实践育人活动，可深入挖掘学生内在潜能和助人力量，结合专业特点，打造具有专业特色的心理健康教育主题实践活动，如服务心理与礼仪赛项。

（六）构建科学化的心理健康教育人才培养体系，提升师资人才质量

为构建心理健康教育新格局，高职院校需建立具有中国特色的心理健康教育人才培养模式。一是加强政策保障。足额配备心理健康专职教师，不仅要求专职而且要求专业，教师要具有心理学、应用心理学及社会工作等相关专业背景。增加高职院校思想政治工作骨干在职攻读博士学位专项计划中心理学相关专业名额。政策支持辅导员攻读心理学等相关学科专业硕士学位。二是畅通职业发展路径。组织研制心理健康教师专业标准，实行严格的人员准入制度，形成心理健康教师专业发展制度体系，以保证心理健康教育的专业化水平和职业化水准。高职院校心理健康教师职业发展可分为专任教师和心理咨询师两大路径，职称评审纳入思政教师系列或德育教师系列，最好可进行单独评审，综合考量心理健康教师的工作任务、工作性质及工作付出。心理健康教师资格制度与职称制度相互衔接，畅通心理健康教师职业发展的路径。三是打造培养与引进相结合的人才培养模式。一方面强化现有心理健康教师的培养，从心理健康教师团队中遴选合适人才，"送出去"提升学历水平和专业技能水平。另一方面引进高学历高水平心理人才，积极开展心理健康教育实践基础上，高效开展心理健康教育的基础性、前沿性研究工作，鼓励支持推动将科研成果应用到心理健康教育各个领域，提升高职院校心理健康工作水平。四是打造专兼职结合的心理健康教师团队。学校内部实行专家带专职、专职带兼职的方式进行心理健康人才培养，外部则可通过专业督导、系统培训、交流学习等方式不断提升人才培养的质量。面向辅导员、学生工作者定期开展心理健康知识和专业技能培训，打造一支"专兼职"结合的心理健康教育人才团队。

四、依托心理健康教育提升高职德育水平实践策略

（一）丰富教育内容

在促进高职院校德育与心理健康教育融合发展的过程中，可以将心理健

康教育内容融入德育内容体系，不断丰富德育教育资源，对于提升育人效果具有积极作用。其一，在选择教育内容的过程中，坚持以社会主义核心价值观为引领，促进学生以科学理论武装头脑，并逐步形成正确的三观。其二，在德育工作中，需强化大学生的理想信念教育，使其具备良好的思想政治素养，解决当代大学生存在的心理、思想、价值观取向及行为等方面的问题，为大学生健康成长和发展奠定坚实基础。其三，结合当代大学生的思想与心理实际情况，着力推进校园文化建设，为开展心理健康教育和德育工作，营造良好的外部环境，使其潜移默化地感染当代大学生，进而形成良好的心理状态和精神风貌。同时，需引导大学生掌握自我心理调适方法，形成良好的心理素质。其四，以爱国主义教育为出发点，结合当代大学生的实际情况，在开展德育工作过程中，使大学生将个人利益与国家利益相互关联。除此之外，在丰富教育内容的过程中，可以从多个维度着手选择有助于培养学生的事业心和责任感的教育内容，促进心理健康教育与德育的深度融合。

（二）改进教育方法

高职院校德育与心理健康教育，虽然在方法和手段方面存在明显差异性，但二者之间也存在交叉融合部分。因此，在开展教育实践活动过程中，需要将二者充分融合并发挥各自优势，实现取长补短的教育目标。我国高职院校对大学生心理健康教育重视度不断提高，并且组织各类丰富的心理健康教育活动，但当代大学生主动寻求心理帮助仍然较少。在此背景下，在实施心理健康教育过程中，可以运用德育的成功方法和经验，通过广泛宣传心理健康教育的重要性，为学生普及相关心理健康知识，并将各类德育活动课程作为学生心理健康教育的有效载体，使学生在轻松愉悦的学习氛围中，逐步掌握完善的心理健康知识和调适方法，促进当代大学生形成良好的心理素质品质，进而挖掘自身内在潜能，为其健康发展奠定坚实基础。除此之外，在改进心理健康教育方法的过程中，需转变传统被动等待的思想理念，教师可以主动了解学生，结合学生的心理健康现状，采取有针对性的疏导和教育方法。作为高职院校德育工作者，在实施教育工作的过程中，应避免过度的理论灌输，而是通过真诚和尊重的态度，并耐心倾听学生的真实想法，在愉悦的师生交谈中了解学生可能存在的思想问题和心理障碍问题，在教师的关怀和疏导下，鼓励学生表达真实的内心情感，强化德育工作的有效性。

（三）坚持德育引导

观察当代大学生存在的不良思想与行为，通常不仅仅是道德品质的问题，而是学生思想与心理之间矛盾的外化体现，内心深处的心理问题才是主要原因。当代大学生存在的主要心理根源问题，是对自我价值和生命探索的追问。部分大学生由于家庭贫困，无力支付学费和生活费，使其陷入自卑的状态中，不愿参与集体活动，害怕他人的怜悯目光，逐步陷入自我发展的误区。部分大学生由于恋爱失败而陷入痛苦中无法自拔，对学习和生活产生较大影响。由于心理健康教育具有一定的特殊性，即依靠教师的外部输入很难产生理想化效果。原因在于个体心理机能的发挥是其思想意识支配的结果，并且个体在参与学习的过程中所形成的"三观"，对思想意识形成制约。结合高职院校大学生心理健康教育的经验，错误的价值观是行为问题和心理问题的主要诱发因素。因此，在开展大学生心理健康教育的过程中，不仅要分析学生现有的心理健康问题，而且要挖掘问题的深层次原因，继而帮助学生形成正确的自我认知，使其心理健康水平不断提升。在此过程中，须始终坚持发挥德育的引导价值，运用社会主义核心价值观作为心理健康教育的指导思想，以此解决大学生存在的思想问题、行为问题和心理健康问题，使学生形成正确的价值观导向。

（四）延伸教育渠道

高职院校德育与心理健康教育融合实践的过程中，应进行心理健康知识的广泛宣传，提高高职院校师生的认知水平。

第一，二者融合教育实践，需充分发挥课堂教学主渠道作用，在课堂中为学生传授系统化心理健康知识，引导学生形成正确自我认知。在此基础上，课堂内应营造浓厚的心理健康教育氛围，并定期组织心理健康知识宣传日、心理健康知识竞赛等活动，强化教育实践的有效性。

第二，对高职院校学生进行全面的心理健康普查，全方位了解学生的心理现状。在高职院校学生入学阶段，组织心理健康测试，为每位学生建立心理档案，准确把握学生的心理健康状态，并采取针对性的辅导。针对存在心理障碍问题的学生需及时进行干预辅导，必要时带领学生就诊治疗。

第三，定期组织团体心理辅导活动。在此过程中加强思想品德教育和心理健康教育，使学生明确二者相结合的优势，使大学生在出现心理健康问题时，能够及时寻求教师的帮助，并在心理咨询和辅导下科学进行心理调适。

第四，在德育实施过程中，依托心理健康教育所采集的数据信息，分析学生的思想与行为问题，及时采取相应的疏导手段，实现学生思想道德水平的提高。

（五）加强师资队伍建设

长期以来，高职院校高度注重德育工作，使得德育不断成熟和完善化，已经构建了强大的教师队伍。然而与德育工作相比，心理健康教育在我国高职院校起步相对较晚，缺乏充足的师资力量，具有专业背景的心理学教师少之又少，并且教师队伍的现状很难在短期内改变。对此，高职院校德育与心理健康教育融合实践的过程中，可以将两支教师队伍有机结合，继而弥补师资力量的不足。高职院校可以面向广大德育工作者，展开系统化的心理学知识培训，使其具备扎实的理论知识，并能够灵活开展心理咨询和心理疏导，将其运用于德育工作实践。并且德育教师对学生的思想动态了解更加充分，在此基础上融入心理健康教育，能够取得更显著的心理健康教育效果。对高职院校德育工作者的系统化辅导，有助于使其转变传统的教育理念和教育方法，提升德育工作效率和质量。

综上所述，德育与心理健康教育，均是高职院校重要的教育内容，将二者融合发展，有助于提升德育与心理健康教育的有效性，培养学生良好的思想道德素养和心理品质，切实提高高职院校人才培养质量，促进当代大学生健康成长。

第二节 开展分层教育与感恩教育

一、在德育教育中进行分层教育

所谓分层教育就是根据人在不同年龄阶段的思想、智力、心理的发展特点和规律，采取分类教育的办法，以取得综合教育效果的教育方式。由于高职学生的思想基础与教育过程的差异性，根据因材施教的原则，在高职学生思想教育中，可以进行分层教育。

（一）分层教育的重要性

分层教育有利于因材施教，长善救失，开展针对性教育，使得学生思想水平有所提高；有利于师资力量的合理配置，人尽其才、才尽其用，并且可以避免教育资源与教育力量的浪费；有利于提高教育效果，因为在分层教育中，教育思路清晰，教育方法得当；有利于实现教育目标，如果教育对象差别较大，不采取分层教育，一般教育目标会显得过于笼统和空洞，缺乏层次性和具体化，结果脱离实际，影响教育效果；有利于促进学生思想水平的尽快提高，进行分层教育，能切合学生的思想实际，提高外部教育的影响效果，促进个体思想的内部转化，使学生思想水平不断得到提高。

（二）分层教育的实施

1. 制订分层教育计划

（1）制订高职学生思想教育的总体目标与总体计划。高职学生思想教育的总体目标是培养有理想、有道德、有文化、守纪律的能适应高级应用技术型人才要求的思想觉悟与政治理论水平的社会主义现代化建设人才。高职学生思想教育的总体计划应包括：分层教育目标结构体系，分层教学计划，党、群、共青团等组织的教育计划等。

（2）制定分层教育目标结构体系。对学生进行思想教育时，一般从他们的思想最底层开始，循序渐进，逐步提高。由于高职学生思想基础与教育过程的差异性，必须制定分层教育目标结构体系。即根据总体目标，制定分层总目标，再将分层总目标按层次与阶段分成无数近期目标，再把阶段目标一个个地联结起来，形成目标锁链。高职学生思想教育分层教育目标结构体系包含高中、中专生源学生分层教育目标结构体系与初中生源学生分层教育目标结构体系两方面。

（3）制订分层教学计划。分层教学计划主要包括教学任务、教学课程、教学时间安排等。高中、中专生源学生的教学任务应为帮助学生进一步完善他们已经初步形成的世界观、人生观、价值观，加强思想理论教育，促进思想素质的全面提高；教学课程应是马列主义理论课与德育课教学内容；教学时间一般为两年。初中生源学生的教学任务应为进行成人教育，帮助学生树立科学的世界观、人生观和道德观，提高其思想理论水平，促进良好思想品德的形成；教学课程应是马克思主义理论课与德育课的基本理论与基本知识教学内容；教学时间一般为三年半。

2. 组建分层教育的师资队伍

（1）组建高中、中专生源学生思想教育的师资队伍。由于高中、中专学生有一定的思想理论基础、一定的是非判断能力，较强的社会思想观念，辩证思维活动能力待提高，多维性思维待形成及创造性思维待确立等，因此要求从事这类学生思想教育工作的人员必须具备11项素质：①政治素质，能坚持四项基本原则，有忠于人民、追求真理、光明磊落、无私奉献的政治品德；②有明辨政治方向，保持应有政治警惕的政治水平；③有能理解党的路线、方针、政策的政策水平；④思想素质，有良好的思想意识和道德情操；⑤掌握马克思主义的基本原理，要有比较系统扎实的马列主义理论知识；⑥具有良好的思维能力；⑦有民主的、自我批评的、严于律己的作风等；⑧有思想教育的专业理论知识，包括教育学、心理学、政治学、伦理学等；⑨能力素质，能根据不同学生的能力和水平，不断调节自己的知识结构与心理因素；⑩具备一定的调查研究和理论研究能力；⑪具备良好的文字、语言、形象表达能力。总之，这类师资人员应有较高的理论水平，丰富的高等教育教学经验，善于运用疏导教育方法。

（2）组建初中生源学生师资队伍。由于初中生正处在从幼稚向成人的过渡时期，世界观、人生观尚未形成，思想理论水平不高。因此要求从事这类学生思想教育的人员必须具备如下条件：①有扎实的马列主义理论知识和较高的理论水平；②课堂教学水平高，灌输教育效果好；③良好的个人情感状态，如热情的微笑，温暖的语言，能动之以情、晓之以理。

3. **分层教育中要突出针对性，强调因材施教**

（1）高中、中专生源学生思想教育中要突出"理"字与"导"字。"理"就是在进行思想教育时，要摆事实、讲道理、以理服人。因为这类学生已经具有一定的理论水平，有自己的判断能力，独立性较强，只有他们认为你的教育思想与内容是正确的或与自己观点相一致时，才能接受你的教育。"导"就是教育者要善于引导，遵循思想变化的规律，因势利导。只有当"理"通了，才能引导其思想发生变化。教育者应进行充分的说理，细致地疏导，才能促进学生自我思想的转化。

（2）初中生源学生思想教育中要突出"知"字与"情"字。"知"就是教育者要不断向他们传授知识，提高其认知水平。因为这类学生接受思想教育少，知识结构不够完善，判断能力差，依赖性较强，必须进行灌输才能提高其思想理论水平。"情"就是教育者要从情感上着手，以情感人、以情动人，才能促进其思想变化。因为这类学生感情丰富，但比较脆弱，对感情依赖性较强，过去很多的时候就是生活在家庭感情的包围之中，接受思想教育时一般表现为"情"在前，"理"在后。教育者应在情感上下功夫，以情动情，才可入情入理，只有情理交融，才能入心，只有充分发挥情感的积极作用，才能较好地因材施教。

4. 建立分步达标与比较考核体系

分步达标考核主要用于分层教育内部的考核。根据分层教育目标结构体系标准，按照分层目标系列，对照学生学习的阶段，逐级进行达标考核。这样才能保证各分层思想教育的质量效果，为总目标的实现与综合教育效果的提高打下坚实基础。

比较考核主要用于综合考核。人的思想是分层次的，包括具体问题的是非概念、思想方法、道德观、人生观、政治态度等层次，对具体问题的是非概念是思想中的最低层次，政治态度是思想中的最高层次。比较考核的目的是锁定总体目标，实现分层目标，进而制订下一阶段更高层次的思想教育目标，从而取得更好的综合教育效果。比较考核一般采取纵向变化比较与横向同级比较两种形式。所谓纵向变化比较就是考核学生思想前后变化的情况，鼓励进步、鞭策后进，促进分层学生思想水平提高；所谓横向同级比较就是从毕业年限反推出同级，然后进行比较，找出分层间的差距，想办法缩小这个差异，以便各分层共同提高，整体推进，最终培养出统一合格的高职人才。分步达标与比较考核应互相渗透、互相促进，才能全面做好学生思想教育的考评工作，并以此促进学生思想水平的全面提高。

（三）德育中实施分层教育的注意事项

1. 明确分层不是分家

分层教育的目的是更好地因材施教，更好地提高综合教育效果。因此，分层不能分家，应努力处理好分层与综合之间的关系，保持分层间经常的沟通与交流，使各分层融合成有机统一的综合整体。

2. 明确分层不是分等

分层的根本是因为教育对象与教育过程不同。如果把分层看成是分等级教育将是十分错误的。这是因为高职学生思想教育的总体目标大致是相同的，都是为了培养高级应用型技术人才的。如果把分层看成是分等级定会带来负面影响，比如把初中生源学生思想教育看成是低层次教育，势必会挫伤教育者的积极性，也会伤害这类学生的自尊心和自信心，对提高整个教育效果是十分不利的。

3. 注意最终培训目标的趋同性

既然是高职学生，在培养目标上应有统一要求，只有这样才能培养出社会普遍需要的高级应用型技术人才。而不能以生源的差异性为理由，降低标准，这样将难以保证高职学生的质量。其实，尽管学生入学时原有思想基础有差别，但由于分层教育的时间不同，分层教育的内容与方法不同，经过努力是完全可以达到统一的目标的。强调培养目标的趋同性，有利于克服分层教育时的随机性与主观性，增强思想教育的综合性与统一性，最终有利于高职学生思想教育效果的全面提高。

二、高职院校开展感恩教育

感恩是指"感激别人对自己的恩德"，感恩教育是教育者运用一定的教育方法与手段、通过一定的感恩教育内容对受教育者实施识恩、知恩、感恩、报恩和施恩的人文教育。感恩教育是一种以情动情的情感教育，是一种以德报德的道德教育，更是一种以人性唤起人性的人性教育。感恩是德的重要组成部分，是新时代大学生必备的基本道德素质。高职院校是开展感恩教育的重要阵地，对大学生加强感恩教育，切实提高他们的感恩能力。

（一）培育校园感恩文化

校园文化是学校的灵魂，是学校精神的集中体现，对大学生的世界观、人生观和价值观的形成具有重要作用。感恩文化是校园文化的重要组成部分。校园感恩文化应该从以下几个方面培育。

1. 加强对校史的挖掘、整理、研究、阐释、宣传

通过对校史的研究可以使学生意识到今天能够在这所学校学习应该心存感

激。校徽、校旗、校训、校歌是校园文化的历史传承、外在表现，蕴涵校园文化的理念，体现学校精神面貌，含有丰富的感恩元素，也是最容易让大学生终生铭记的校园文化。因此，高职院校需要对大学生加强校徽、校旗、校训、校歌的宣传和教育。

2. 加强对校内捐赠物品的宣传

加强对以捐赠者姓名命名的大楼、校友捐赠的文化石、桌凳、图书、树木，社会各界爱心人士捐赠的物资的宣传。利用这些鲜活的感恩实物开展感恩教育，使大学生见贤思齐，树立以后回报社会、报答学校的理念。

3. 把感恩元素融入校园环境设计建设当中

把感恩元素融入校园建筑和人文景观设计建设、装饰美化当中，让建筑说话，让花木传情，构建具有浓厚感恩氛围的校园环境。在教学楼、图书馆、宿舍、食堂等张贴悬挂适合场所氛围的感恩字画标语等，如在食堂张贴悬挂"一斤粮、千滴汗，省吃俭用细盘算""光盘行动从我做起"等标语，使同学们时刻处于感恩氛围当中，从而督促自己养成感恩习惯。

4. 定期举行感恩讲座

定期邀请感恩教育的知名专家学者、道德模范、"时代楷模"，以及对学校捐赠的爱心人士、知名校友到校开展感恩教育讲座。爱心人士通过现身说法，阐述捐赠原因；知名校友通过回顾在校学习成长历程，展示自己对社会和母校的贡献，分享自己的成功与母校、教师悉心栽培的关系等，能够激发大学生感恩社会、感恩学校、感恩教师的热情。

5. 开展感恩评选活动

开展"最受学生欢迎的十大教师""校园感恩模范""感动校园人物""十大自强之星"等评选活动，并组织获奖师生深入课堂、班级、宿舍进行宣讲，用身边事教育身边人，着力打造大学生看得见、摸得着、学得到的道德标杆，利用榜样的示范辐射作用，教育引导大学生将感恩意识转化为报恩、施恩行动。这样以个人带动群体，以群体带动全校，传递感恩情感，营造浓厚的校园感恩氛围，从而落实到报恩、施恩行动当中。

6. 建设感恩宣传阵地

在校史馆、宣传栏中开辟校友感恩母校专栏,通过捐赠物品等展示校友事迹,并把校友事迹列入新生入学教育内容之中,把这种精神一代代传承下去。在充分利用好宣传栏、广播、报刊、网络、广播、电视等传统宣传方式基础上,充分利用微信、微博、微视频、快手、抖音等新媒体优势,将中华优秀传统感恩文化、历史中尤其是党史中的感恩故事、社会上和校园内的感恩事迹广泛宣传。鼓励大学生挖掘身边的点点滴滴感人故事,自发利用自媒体传播开来。

7. 开设感恩教育课程

高职院校应该解放思想、更新观念,积极进行教学改革,把感恩教育设立为一门必修课或通识课,制订人才培养方案、课程标准、考核方法,规定学分、课时。在实践设计上,规定实践课时,制定实践活动任务清单,制作感恩活动登记卡,促使大学生自觉开展感恩活动,让感恩打卡成为大学生的新时尚。

8. 加强感恩制度建设

感恩活动要想取得理想效果,必须有制度作保障。因此,需要制定感恩相关制度,包括感恩教育课程制度、感恩教育主题班会制度、感恩教育融入奖助学金评审全过程制度、感恩积分制度、感恩实践制度、失恩惩罚制度等。

(二)发挥全员感恩育人合力

"三全育人"背景下,全体教职工都是育人主体,都要落实立德树人根本任务,发挥主导作用,强化育人意识和责任担当;要按照"四有好老师"的标准严格要求自己,提高综合素质,为学生树立感恩榜样,时时处处事事发挥引导和榜样作用;使大学生学有榜样、做有标杆,培育和践行社会主义核心价值观,努力成长为堪当民族复兴重任的时代新人。

第一,思政课教师在充分利用好目前"两课"这一感恩教育主渠道的基础上,积极开展感恩教育探索,利用先进人物事迹等丰富教育内容,拓宽教育途径，创新教育方法，深化教育实践，把感恩道理讲深、讲透、讲活。

第二，专任教师在专业课讲授中，也要不失时机地开展感恩教育。同时，利用好课程思政，通过深入挖掘每门课程中的红色基因来编写教材，讲好学科发展史、学术人物史等途径开展感恩教育。在实习中，更要加强感恩实践教育。

第三，辅导员是与大学生接触最密切的，一言一行都影响着大学生，因此辅导员是开展感恩教育的主要力量。辅导员要在思想政治教育和日常事务管理中开展感恩教育，要将感恩教育融入从学生入学到毕业的全过程；融入入学教育、军训、评优评先、奖助贷、宿舍管理、学风建设、心理疏导、行为教导、就业指导、顶岗实习、毕业鉴定、档案管理等各环节。

第四，保安、保洁、宿管、厨师等职工，也要以身作则，提升素质，提高服务质量，切实发挥模范作用，用服务育人。由于教职工综合素质参差不齐，这就要求高职院校根据不同人员的岗位要求和工作特性，有针对性地开展专题培训，夯实思想基础，增强教职工合力开展感恩教育的自觉性和责任感。

（三）开展校内外感恩实践活动

理论源于实践，但更重要的是指导实践。只有将感恩理论教育与实践活动有机结合，以活动为载体，以实践为第二课堂，才能够使大学生对感恩理论内化于心、外化于行，切实提高报恩、施恩能力。

1. 开展校内感恩实践活动

（1）重视礼仪礼节教育。上课前，学生起立对教师喊："老师好"；老师回应："同学们好"。下课后，学生起立对教师喊："老师辛苦了"，老师回应："再见"。学生遇见老师，要主动问好，要按时完成作业；对老师发布的通知，及时回复，并按照要求落实。

（2）设立校园感恩日。高职院校可以把重阳节定为校园感恩日，并开展相关活动，如开展感恩书画篆刻比赛、征文活动。举办感恩晚会，学生自编自导自演感恩文艺节目；开展清扫校园、清洁"牛皮癣"美化活动，学生运用专业知识，开展校园义务维修活动。

（3）平时注重开展感恩教育。平时，通过学生党员大会、主题党团日活动、主题班会、讲座、辩论赛、论坛等，结合热点话题开展感恩教育。将诚信感恩励志教育贯穿于奖助学金评审和发放的全过程各环节。

（4）重要节日开展感恩教育。在春节、劳动节、建党节、建军节、国庆节等通过开展给亲戚朋友送祝福、义务劳动、志愿活动、为党和国家献礼等表达感恩之情。在父亲节、母亲节、教师节等节日，通过开展给父亲、母亲、教师写封信或打个电话等表达感恩之情。

（5）特殊节点开展感恩教育。在开学典礼、毕业典礼上，让教师、保安、保洁、宿管、厨师等上台，接受大学生代表献花感谢。在爱心人士对学校捐赠时，组织大学生现场接受感恩教育。

2. 开展校外感恩实践活动

以党史学习教育常态化为契机，组织学生参观爱国主义教育基地、党史教育基地、国防教育基地。清明节，通过祭扫烈士墓、拜谒纪念碑，使学生明白今天的幸福生活来之不易，是无数先烈用生命换来的，应该感恩先烈，并继承不怕牺牲、英勇斗争的精神。周末，组织学生深入社区开展政策宣讲、党史宣讲、理论宣讲，让党的政策、创新理论"飞入寻常百姓家"，落地生根、开花结果。

高职院校积极培育校园感恩文化，利用文化中所蕴含的人生信仰、道德观念、审美情趣等丰富感恩元素，润物细无声地引导和塑造大学生的感恩意识，切实发挥校园文化以文化人、以文育人的功能。全体教职工把握时机营造感恩情境，让学生在点点滴滴中知恩，在耳濡目染中感恩，在平常生活中学会报恩和施恩。通过形式多样、内容丰富的校内外实践活动，能够使学生把感恩意识转化成为他人、为社会服务的实际行动，提升感恩意识和社会责任感。学生以实际行动带动身边更多人参与感恩活动，真正实现受教育、长才干、做贡献的目标，为成长为堪当民族复兴重任的时代新人奠定基础。

第三节 利用新媒体开展思想道德教育

随着时代的发展,新媒体应运而生,并逐渐影响各个领域。高职院校德育工作的开展,也已经受到新媒体的影响。新媒体为高职学生思想道德教育注入了无限活力。

一、利用新媒体开展思想道德教育的必要性

1. 覆盖广泛,贴近青年

新媒体,如社交媒体、视频平台、博客、微信公众号等,拥有庞大的用户基数,尤其是对青少年群体具有极强的吸引力。利用新媒体传播思想道德教育内容,能够有效扩大教育覆盖面,更容易触及年轻一代,使教育更加贴近他们的生活习惯和信息获取方式。

2. 互动性强,增强参与感

新媒体平台支持即时互动,如评论、点赞、分享等,能够促进教育者与受教育者之间的双向沟通,增加学生的参与感和兴趣,使思想道德教育不再是单向灌输,而是形成一种互动式、体验式的教学模式,有助于深化学生对道德观念的理解和认同。

3. 形式多样,内容丰富

新媒体提供了文字、图片、音频、视频等多种媒介形式,便于根据不同内容和受众偏好,创作出更加生动、直观、富有创意的教育材料。这有助于提高教育内容的吸引力,使枯燥的理论变得易于接受和记忆。

4. 时效性强,紧跟时事

新媒体的即时性使得思想道德教育能够迅速响应社会热点事件,结合时事

案例进行道德剖析和价值观引导，使教育内容更具现实意义和针对性，帮助学生在复杂多变的社会环境中形成正确的价值判断和行为选择。

5. 个性化推送，满足差异化需求

基于大数据和算法推荐的新媒体平台，能够根据用户的兴趣和需求推送个性化的教育内容，使得思想道德教育更加精准有效，满足不同学生的个性化学习需求。

6. 促进教育资源共享

新媒体打破了地域限制，使得优质的思想道德教育资源能够跨越时空界限，实现广泛传播和共享，特别是对于资源相对匮乏的地区，新媒体成为获取高质量教育资源的重要途径。

综上所述，利用新媒体开展思想道德教育，不仅能够扩大教育的影响力和覆盖面，还能提升教育的实效性和针对性，是适应信息时代特征，促进学生全面发展的重要手段。

二、新媒体下高职学生思想道德教育存在的问题

（一）新媒体教育内容与形式单一

与传统道德教育方式相比，新媒体应用于高职学生思想道德教育的时间不长，很多时候只是停留在理念层面，教育实践方面还很欠缺，新媒体道德教育模式还没有建构起来。众所周知，新媒体传播信息具有很强的新颖性，然而却没有形成有效的虚拟教育内容与形式，很多高职院校仅仅使用新媒体的碗来盛传统道德教育的水，很多虚拟空间的德育内容，基本是从传统德育教育中照搬过来，内容和形式都比较单一，趣味性的内容比较少，很多高职学生都不感兴趣，其德育效果非常不理想。

（二）借助新媒体教育的自觉性不强

目前，很多高职院校还停留在使用学校官方网站与论坛来开展思想道德

教育工作，新媒体使用视域狭窄，没有自觉运用多元化的新媒体，这也阻碍了新媒体作用的发挥。目前，还有一些高职院校没有建设专门的德育网站，在团委、学生指导处等网站模块下挪出一小块用于道德教育，基本也是生硬的文字宣传、配几张照片，很难吸引学生。一些德育工作者不善于运用新媒体平台开展德育工作，新媒体的作用没有得到很好的发挥。

（三）新媒体容易诱发学生道德问题

新媒体使得每个人都是"发言人"，而网络具有匿名性与虚拟性特点，那么所传播的信息就具有很强的随意性和虚假性，网络上内容复杂、信息量大、监管困难，充斥很多不良信息，一些高职学生心智还不太成熟，容易沉迷于虚拟世界，诱发思想道德层面的问题。高职学生如果辨别能力较弱，他们道德选择能力和自律能力比较差，很容易受到新媒体不良道德信息的影响，容易误入歧途。

三、新媒体环境下大学生思想道德教育的有效策略

（一）树立理念，迎合新媒体发展趋势

高职院校德育工作者必须转变观念，要充分地与时俱进，探索新媒体教育方法。德育工作者应认识到新媒体具有很强的开放性，高职学生会接触到海量信息与多元化的价值观念，对此，如果还沉溺于传统德育教育理念中，采取一元化的教育模式，那么高职学生的参与兴趣很难被激发出来，也与学生的生活实际严重脱节，思想道德教育也就无法走出低效的藩篱。此外，在新媒体环境中，所有参与者都是平等的，存在一定互动、争鸣与思想火花碰撞，德育工作者要在新媒体背景下更好地开展思想道德教育，势必要转变以往居高临下的姿态，采取平等的方式进行有效互动，在互动中影响大学生的思想道德观念。

（二）拓展渠道，打造新媒体德育形式

新媒体应融入高职院校德育工作之中，根据大学生的兴趣爱好与发展需

求，借助新媒体技术，如优化校园网、微信公众号、校园德育官方微博等，拓展更丰富的德育途径，激发学生参与的热情，调动学生的积极性，进行互动与交流，德育工作者可以根据德育需要，结合学生实际生活，在新媒体平台上发布信息，抛出讨论的话题，鼓励大学生进行讨论，充分表达自己的观点态度，教育者进行有效的引导，适时开展教育，从而在充满正能量的新媒体平台上展示德育教育力量。新媒体平台也可用来调查高职学生思想道德情况，广泛征集学生的意见建议，为更有效的德育工作提供数据，发挥新媒体的优势。

高职院校德育者应增加新的德育内容，如信息素养教育、媒体文明教育等。此外，还要创新德育教育的途径。其一，新旧媒体之间应该广泛合作，要吸取传统教育形式的经验与优势，并与新媒体教育进行有效融合，将媒体的德育功能更好地发挥出来；其二，提高大学生的媒介素养，让大学生能够正确筛选和运用媒介信息；其三，建设现代伦理规范，引导和约束大学生的道德行为，培养大学生道德自律精神。

（三）打造队伍，建设新媒体德育队伍

新媒体背景下，高职学生思想道德教育与新媒体的融合，需要依托高素质的德育队伍，持续推进新媒体德育工作，只有这样，才能将新媒体德育落到实处，真正发挥出应有的作用。高职院校应充分重视德育工作者的职业发展，传递给教育者新媒体理念与技术。高职院校可通过开展培训，利用讲座、参观、研讨、学历深造等多种形式，采取短期培训与长期培训相结合的方式，形成培训长效机制，逐渐扭转德育工作者传统理念，为新媒体下高职学生思想道德教育工作提供新方法，从而打造一支理念新、专业性强的新媒体德育队伍，为高职学生思想道德塑造保驾护航，用良好的师资队伍，不断提升新媒体德育水平。

（四）加强管理，健全新媒体德育评价机制

新媒体是一把双刃剑，我们应扬长避短、趋利避害，健全管理机制，加

强对新媒体平台的管理，政府、社会与学校都责无旁贷，从网络监管层面应净化网络环境，严格检查和筛选信息，严厉打击不良信息发布与传播者，让新媒体环境安全健康。高职院校建构体系完整的高职新媒体平台体系，规范大学生网络使用行为，发挥校园官方网络媒体的作用，不断完善新媒体传播和互动机制，高效处理突发事件。新媒体环境下，应建立高职德育评价机制，促使德育工作更加规范，科学评估思想道德教育质量。利用新媒体平台，建构起高职院校、大学生、家长等多元评价模式，并以新媒体在德育中的使用率、效用等因素为评价指标，从而推动高职学生思想道德教育科学发展。

总之，新媒体背景下，高职院校德育工作呈现出新特点，高职学生思想道德教育应更好地与新媒体进行融合，德育工作者应转变教育理念，探索有效的德育方法，做到扬长避短、趋利避害，敢于迎接新媒体带来的育德工作新挑战，从而适应新时代新媒体教育新情况，为高职学生思想道德教育发展服务。

第五章 高职院校德育课程改革创新

第一节 高职院校德育课程改革创新策略

一、高职德育课程改革的必要性分析

高职教育在我国兴起于20世纪80年代，随着国民经济的快速发展和人才需求量的大幅度增加，高职教育已经成为为社会进步和国民经济建设发展提供人才的孵化平台和基地。而作为高职教育的重要组成部分，德育课程毋庸置疑地成为整体教育的重要部分之一。长期以来，我国主要采用传统课本教材，虽然取得了客观的实际效果，但传统课本教材也暴露出许多问题，如课本内容单一，所能利用的教材资源单薄、死板，德育课程施教方式陈旧，教学方法缺乏与时代和客观实际的联系。因此，无论从客观实际出发考虑，还是从事物发展变化的理论原理分析，或从国家对高职德育教育的要求层面看，高职德育课程改革都势在必行。

（一）德育课程改革是社会发展的要求

高职院校德育课程改革的开展不仅仅具有学校的教育特点，同时也必然与社会产生广泛的联系。高职院校德育课程是为社会培养和造就急需人才所服务的。因此，高职院校为社会所培养输送的大批毕业生必须符合社会企业的基本要求，必须符合社会尤其是用人单位的发展总趋势。

我国国民经济快速发展，物质生活愈加丰富，客观上就更加要求从事社会活动的人具有正能量。德育课程这一德育教育的基本载体要紧跟社会要求，德

育课程改革的不断深入，为培养、造就高素质人才提供了可靠保障。国民经济的快速发展使社会需要无数的技术技能过硬的高精尖人才，需要无数的具有创新意识和能力的综合型人才。德育教育对育人有着巨大作用，这也是社会对德育教育所提出的客观要求。

社会整体道德认知度的不断提高，社会大环境大趋势的日益改善，要求社会中的每个人都以自身的思维方式和实际行为来营造和维护良好氛围，共同建设和谐友善、积极向上的社会环境。因此，加速高职院校德育课程改革成为社会发展的客观需求。

（二）德育课程改革是实际运用要求

高职德育课程改革是在现实基础上确立和逐步深化的过程，德育教育特别是德育课程的设置必须符合现实实际。脱离社会现实，游离于实际的德育教育必然是无源之水、无本之木。因此，德育课程改革是实际运用的必然要求。毋庸置疑，高职院校教育的主要目的之一是培养、造就适合实际的高素质人才，是为满足国民经济迅速发展的需求，持续不断地输送大批适用型人才。德育课程作为高职院校开展德育教育的具体载体和重要手段，无不围绕教育目标而开展。因此，高职德育课程如何更加科学、有效，最大程度地发挥其应有的作用，就成了不可回避的课题。而传统的德育课程，无论是教育课程模块设计、施教的具体方式方法，还是施教效果的合理评价，都不同程度地存在着缺陷和亟待改进的部分。德育课程改革就是为了使其不断符合客观实际，只有通过德育课程的改革，才能够使施教主体——教师队伍的师资力量实现最佳配置，使德育课程的直接受教育者——学生有一个更加开阔的认知视野，有一个良性循环的兴趣度，使其综合素质获得全面提升，为国民经济发展和社会主义建设培养、造就大批实用型人才。

（三）德育课程改革是教育实施要求

德育课程改革作为高职院校开展德育的载体和基本形式，对其不断研究和深化是开展教育实施的基本要求。教育实施需要调动与之相关的诸多要素,德育课程体系的建立和不断优化、德育课程教育环境和基本氛围、德育课程教材资源的合理调配及使用、施教的主要手段和所采取的方法及施教效果和与之相关的评价体系的改革,都直接关系到德育课程与实际的相符程度,也关系到德育课程的预期效果。因此,德育课程改革也是教育实施的客观要求。

德育课程的设置是高职院校开展德育的主要施教手段,是高职院校实施素质教育的主要内容。它以全新的思维和科学有效的手段,逐步使学生建立起正确的世界观、人生观,为学生未来进入工作岗位奠定坚实的思想基础。马克思主义是我们认识世界、改造世界的理论武器,也是每名学生的必修课,在这一理论指导下,高职院校应对学生坚持开展爱国主义、集体主义、社会主义教育,开展社会公德和职业道德教育。因此,加速和不断深化德育课程的改革就必然成为一个长期的、不断探索的过程。同时,社会对德育课程改革在教育实施过程中的作用也提出了更高、更为实际的要求。

二、高职院校德育教育改革的创新策略

(一)调整高职院校德育课程培养目标

在我国快速发展的新形势下,高职院校德育课程也必须与时俱进,适时做出调整。一是思想认识的调整,在确立德育教育课程目标时要从源头入手,提高对新形势的正确评价,深刻认识当前及未来发展趋势,加大课程思想教育力度。在施教过程中,改变陈旧的思维方式,以崭新的面貌迎接机遇,抓住机遇。二是要在课程目标设置中加大和提升学生动手技能的专项目标比重,在确立德育教育课程目标时充分体现出课程的前瞻性、多样性和层次性,使高职院校的德育课程更加有效地服从和服务于新形势。

1. 根据国家发展要求,科学制订培养目标

从本地区实际出发,有的放矢地施教是高职院校的办学根本。只有抓住这个根本才能够最大化地凸显高职教育的特色。高职院校德育课程要紧跟时代要

求，紧密结合实际，深入研究国家发展趋势，从而不断调整和完善高职院校德育教育，以达到为用人单位培养和输送合格人才的目的。

从深入研究经济发展规模和发展形势出发，建设好高职院校这个服务平台，培养和造就大批人才。深入研究和及时把握发展机遇，并围绕这一机遇，培养与之相适应的高职人才培养计划。具体的德育教育课程的设计及施教方法，都要从这个根本出发，发挥高职教育的特色，不断完善和调整教育课程模式，以发展的眼光，培养出与之适应的、大国工匠式的合格人才。努力做到社会急需什么样的人才，高职院校就培养什么样的人才。

2. 坚持与时俱进，体现职业教育特色

与时俱进的教育方式是高职院校的生存发展的必然选择，同时也能够很好地凸显高职院校教育的特色，因此很有必要调整德育课程的内容和方式，提升学生的兴趣。坚持与时俱进，根据国家教育大纲的要求，创办具有本校特色的高职院校德育课程。这既是时代的要求，也是国民经济快速发展的客观需要。与时俱进，首先就要做到对于国家整体形势有一个全面、深刻的理解。国家物质基础的不断夯实，国力的不断增强，也促使了思想品质大环境的深刻变化。正能量的文化氛围日益浓烈，感动中国、大国工匠、好教师、好医生、好警察等不同侧面、不同形式的正能量宣传，为高职院校德育工作带来了具有时代气息、鲜活的德育课程施教资源，为高职院校德育工作在学科类课程、实践类课程和隐形类课程具体施教过程中开阔了视野，提高了学生对德育课程的认知度，丰富和拓展了德育教育资源。高职院校牢牢把握机遇，坚持高职院校办校宗旨，以与时俱进的姿态建设具有高职院校特点和本校特色的德育课程建设。

（二）推进德育课程改革，调整德育课程结构设置

德育课程结构设置是否合理不仅关系到高职院校德育施教实际成效的好坏，也事关高职院校德育课程改革能否不断深化、紧跟时代要求，能否满足社会最大需求。因此，德育课程结构的适时调整与合理设置是德育课程改革的重要组成部分。

1. 加大职业道德教学内容

学生选择高职院校求学的直接目的是未来能够顺利入职用人单位，学习技术技能和专业知识。能否在参加社会活动，入职企事业用人单位之前，学习到更为广泛和实用的知识技能，是学生和校方的共同关注点。专业知识的储备和培养，关系到学生的未来职业规划，也是衡量高职院校教育实效的一个标准。职业道德课程结构的合理性、适用性，是学生未来谋求工作，以及尽快发挥技术技能特长，成为企事业用人单位合格人才的关键。

围绕课程改革需要，围绕学生职业规划实际，一是要同企事业用人单位加强合作，密切沟通，熟悉和了解企事业单位职业规范、职业标准和职业道德，做到有的放矢地开展德育教育活动。在德育教育课程中融入企事业用人单位职业规范和相关内容。二是必须把爱岗敬业的理念植根于学生头脑中，为其未来职业规划奠定思想基础，使学生做到学以致用，超前地对未来职业规划有一个更加清晰明确的方向。三是潜移默化地向学生渗透企事业艰苦奋斗、勤俭朴素的优良传统和作风。良好的思想品质的养成是日积月累的过程，要使学生在受教育过程中自觉培养和形成适应于未来职业特点的思想、素养、品质，在德育教育课程改革和课程构架中体现出来。四是强化集体主义、团队合作精神，用企事业典型事迹和传统具体施教。经济的快速发展，企业的腾飞，无不凸显出团队协作精神，无不体现出不懈努力的精神。因此，在具体课程目标的确立过程中，要培养学生自觉形成这种团队协作精神。五是强化创新意识和创新行为的培养，在学生职业规划中融入新时代思维方式。高职院校必须有针对性地引导学生做好职业规划，修正偏差，充实职业规划内容，为学生在思维方式和具体行为上打好坚实基础。

2. 实行三位一体的德育课程体系

高职德育必修课、选修课和社会实践课是各有不同、各有侧重，又互为联系、缺一不可的整体。

首先，课程有各自特点，又互有区别。必修课程基于向教师传授和讲解思想、政治、道德理论知识等方面的教育。德育选修课程是以人为本教育理念的具体体现，赋予了学生在学习上的灵活度，为学生树立健康向上的人生观、价值观打下坚实基础。

其次，必修课、选修课及社会实践课又是相互联系的整体，德育实践课程体现出贴近社会、贴近实际和贴近学生的原则，使学生在具体实践中体会和感受德育的重要地位。三者是虽互有区别但联系紧密的整体。

最后，高职院校德育教育必修课、选修课、社会实践课程又是紧密衔接的。围绕课程改革和课程的设置，只有合理分配和把握好彼此的关联，以及比重关系，才能够有效施教，深化高职院校教育改革。

德育课程体系要做到必修课程、选修课程和实践课程三位一体，就必须在施教的具体方式方法上不断探讨研究，大胆实践，大力挖掘和合理使用更加广泛多样的教育资源。

3. 开发校本课程与校本教材

校本课程与校本教材互相作用，紧密相连，必须围绕高职课程改革需要，深入研究课程设置课题。

其一，要遵循客观实际，不断充实内容，把适应客观实际和符合经济发展规律，体现高职教育特色的新内容、新知识纳入其中。其二，在课程结构上做出适当的调整。面对新的形势，原有的课程可能与客观现实情况不适应、不匹配。因此，及时调整是在所难免的事情。高职课程应以社会大气候、大需求为出发点，合理调整其结构，使高职教育发挥出应有的作用。其三，要突出课程中校本课程与校本教材的侧重面，深入研究其侧重面，做到彼此兼顾，互相作用，相辅相成。其四，要加大实践比重。课程内容丰富的德育课程资源是开展德育的基础，开发和利用好校本课程和校本教材是实施德育的前提

（三）推进社会实践教学，调整德育课程教学方式

能够最大程度地吸引学生自觉学习的教学方式和手段是开展有效施教的基础和前提。推进社会实践教学，不断调整补充德育课程教学内容，并紧密联系学生实际情况和高职教育的特点，开展多形式、多手段的教学方法，是我们所

要研究的课题。

从客观实际状况分析,实践教学具有以下三个特性:直观性、渐进性及很好的渗透性。直观性体现在学生能够面对客观现场,直接面对企事业用人单位。这种教学,看得见,摸得着,印象深刻,容易接受,同时也具有相当的趣味性,是受到学生广泛欢迎的教学形式。渐进性很好地体现出由表及里、由浅入深的合理性。学生通过实践教学,能够很好地从直观感受到亲身体验,最终达到身临其境的目的。而渗透性,是在学生不知不觉中使其体验和加深所学知识。实践证明,社会实践教学是高职院校德育的重要环节,也是收到明显成效的做法。同社会不同层面的了解和接触,使德育课程教学更加直接,更易被学生所接受。社会实践场所的环境对于学生的教育意义深远,因此,在实践教学的具体方式和手段上我们要更加具有灵活性。例如,学生在实践教学中利用媒体资料,了解和熟知了大国工匠的典型事例之后,反响强烈。学生对于那些堪称国宝级的工匠技艺由衷赞叹,更重要的是他们透过这些表象,看到了大国工匠的赤诚爱国情怀和对技艺求真求实的可贵精神,体会到了崇高的职业道德,以及不拘一格的创新意识、创新精神。这样的教学方式充分地调动起学生的兴趣和关注度,收到了良好的教学效果。

1. 进一步推进社会实践教学

首先,要与用人单位建立校企合作关系,加强彼此了解和多渠道交流。高职院校要深入研究和拟定与用人单位的沟通合作模式。并建立有效的信息反馈机制,将用人单位的从业理念、用人标准及文化精神实质研究透彻,使其很好地融合在实际教学之中。

其次,应深入研究学生实际状态和需求,及时引导好社会实践教学。实践教学使学生真正了解用人单位的需求和岗位标准是什么,帮助学生对企业文化的内涵进行深入理解。

最后,在推进社会实践德育教学的过程中要综合考虑与之相关的诸多因素,如学生家庭背景、用人单位未来发展,以及学生、家长、用人单位的关注点等。同时,加大职业道德社会实践教学比重,也很好地体现了学生自我教育的理念，实现了自身教育的目的。社会实践教学使学生对具体的德育课程内容有了一个更加直观的切身感受和体验。

2. 完善社会德育教学质量评价标准

教学质量评价标准的建立，在开展有效的德育教育教学中十分必要。

其一，高职院校以培养既有高素质和科学理论水平，又同时具备娴熟的动手能力的人才为主体。因此，高职院校必须研究自身的科学评价体系，应对教师、学生有客观反映，有一个清晰的、公平的、实际的评价。其二，是用人单位及时的情况反馈。这是高职院校培养人才的立足点。用什么样的人才，以及学生应具备哪些素质、具备什么样的水平才能更好地适应社会，用人单位最有发言权，其反馈也是最直接、最客观的。其三，是作为受教育者的学生。他们在接受教育的同时，最能够通过自身切实感受，做出最客观的反应。因此，高职院校、社会因素、学生自身就客观地形成了三位一体的评价构架体系。

在确立了谁来评的问题之后，随之而来的就是评什么的课题，这也是确立评价标准的重点。

一是评价德育教育教学质量的科学性。教学质量的科学性是指沿袭和遵守科学规律，严格按照教学大纲进行的施教过程。评判教学质量的科学性，有助于不断完善、补充和修正教学，使其始终处于一个良好的运转之中。二是评判教学质量的创新性。创新与创造的区别，突出体现在"新"字上。教学质量在于创新，其生命力也很好地体现在创新上。只有不断创新高职院校的教育教学方式，才能够真正跟上时代的步伐。三是教学质量在知识的前瞻性上得以体现。因此，教学质量评价标准必须纳入知识更新，体现教学质量的前瞻性。四是教学的落脚点教学质量评价中的实践性。学以致用是教学的根本。在评价工作的开展过程中，必须采取多形式、多方法、活手段，如分数加实效考核、长期加期考的评价、考试加评议方法、自测加外在加分等方法。完善的社会德育教学质量评价标准对于高职院校德育课程教育效果的指导是必不可少的。

建立并逐步完善社会德育教学质量评价标准应当遵循社会德育教学标准，必须同时代大趋势相一致。时代和国家所需人才就是高职院校培养的方向，也是衡量社会德育教学质量的标尺。教学质量评价也要从用人单位实际需要出发制定完善的标准。高素质、综合型是人才培养的方向，是用人单位要求，也是高职院校德育教学的具体目标。在教学质量评价体系中，要把涉及国家大政方针的思想、政治和行为准则的"大德"，同个体职业道德、行为习惯的"小德"紧密联系在一起，并以此为标准全面衡量和评价德育教学质量。要以长远发展的眼光衡量社会德育教学的质量评价标准，对高职院校的德育教学质量有一个较为长远的规划，社会德育教学质量的评价标准要充分体现其超前性和旺盛的生命力。

3. 充分利用各种德育课程教学资源

社会、经济在不断发展，高职院校作为人才培养的基地，能否很好地适应实际需求，有的放矢地培养出大批的可用之才，是摆在高职院校面前的一项课题。挖掘利用好德育教学资源是高职院校的必然选择，有其深刻的必要性。中国正处在高速发展中，社会呈现出百花齐放、日新月异的崭新局面。经济的快速发展为高职院校的教育教学工作提供了更加多样、灵活的教学资源。新技术的合理引用、新思维的如期到来，都为高职院校的教学发展提供了难得的机遇。充分利用各种德育课程教学资源，挖掘广泛的教育教学资源，具有最广泛的群众性。德育课程教学资源对于高职院校德育教育起到了重要作用，同时也得到了社会各层面的高度评价，但同时也暴露出不容忽视的问题和亟待改进、完善的缺陷。深入挖掘和最大限度地开拓德育课程教学资源，符合社会发展的需要，是国民经济快速增长的客观需要。挖掘开发最广泛的教学资源是培养大量综合型人才的必然前提。在科技高度发达的今天，网络的建立，大量现代化、信息化手段的开发利用，拉近了人与人之间的距离；以多媒体方式呈现出的丰富多彩的现代化信息资源为开发德育课程教学资源提供了广泛的条件。以媒体为例，大量的正能量故事如同镜子一般折射出当今的文明发展趋势。感动中国、大国工匠、最美教师、最美乡村医生、好家风等，都成为德育教育课程极好的教学资源，为高职院校在学科类课程、实践类课程和隐形类课程方面的教学提供了大量丰富的德育资源。

4. 构建产教融合的德育课程教学模式

产教融合是高职院校德育教育的主要方向之一，也是我们改革教学的基本模式。构建产教融合的道路，建立健全德育教学模式，要积极做好"两课"，即教学的理论课和实践课。

学以致用的前提是要使学生对学科理论有一个清晰的认识和透彻的理解。学生必须对理论的规律性、科学性的原则、法则有一个不断积累和深入理解的过程。因此，高职院校的教师，必须把握好理论施教的尺度，使学生切实掌握与之相适应的理论基础。正确的理论知识必须经过社会严格的考验，必须通过实践加以证明。这种体系的建立必须遵循科学的评价机制，有其畅通的信息反馈渠道。实践证明，构建产教融合的德育课程教学模式是切实可行的，也是行之有效的手段和途径，是建设和不断完善高职德育教育的必要保障。构建产教融合模式首先要摆正高职院校与企事业用人单位的位置，要树立为产施教的理念，要切实做到职业道德标准的融合、用人标准与育人标准的融合、对德育教育的认识和理念的融合。教师要结合道德标准和企业文化在学生中营造职业道德氛围，结合企业岗位标准，针对性地施教，引导学生做好职业规划。产教融合的德育课程教学模式要充分体现出社会总需求，要能体现高职院校办校和德育教育的特色。

构建产教融合的德育课程教学模式，必须注重其科学评价体系，对在具体施教过程中所反映出的新问题和新趋势有一个科学评价，同时对于未来预期也要有前瞻性准备。这一模式的建立，还离不开信息反馈通道。而这一通道的建立，要依靠社会与高职院校共同打造的平台。只有这样，才能够真正做到有始有终，才能够达到出发点与落脚点有机结合的目的，最终实现不断推动高职院校德育教育进程的目的，使其更好地适应客观需求。

（四）协调德育教育关注点

德育课程目标的确立和基本理念的统一关系到高职院校德育工作的基本方向。只有高职院校德育课程同企事业单位用人需求保持高度一致，才能实现培养和造就社会急需的综合型人才的目标。而目前高职院校与用人单位在德育课程的关注重点存有差异，如果这样的差异存在，甚至不可控地扩大，就会背离高职院校培养和造就社会综合型人才的初衷，也无法实现为企事业单位培养和输送合格人才的目的。因此，高职院校必须客观地看待培养需求和用人标准，努力协调与用人单位德育教育的关注点。

1. 加大校企沟通与合作的力度

在高职德育课程中客观存在着高职院校与用人单位的认识差异。这种认识差异性主要表现在以下方面。

一是高职院校本身没有"跳出自身看客观"，使职业教育局限于单一教学上，一心埋头教书，没有很好地同客观实际和社会，尤其是与用人单位做到无缝衔接。换言之，就是没有使学生从根本上理解、吃透企业文化的内涵，对于企业精神、企业文化缺乏深入了解。二是用人单位与高职院校也缺乏相应的沟通渠道和沟通机制，或已建立的沟通渠道不够有效和畅通。例如，高职院校没有有效、定期地组织学生深入用人单位，面对面了解其现状及未来发展模式。三是高职院校和用人单位因自身特点及所面临的客观实际，在关注重点、侧重的主要课题方面各有不同。双方虽然在认知度上是基本一致的，但对于"德"和"专"存在着认知的距离。有相当一部分用人单位认为操作者技术技能方面的熟练程度、专业知识的全面掌握和岗位职责是关注重点。

因此，不断加强高职院校与用人单位的沟通和交流，并在德育课程等诸多方面开展合作，显得十分必要。实践证明，只有不断加大沟通、理解力度，才能够减少双方认知差距，高职院校德育课程改革才能够不断深化。

2. 根据职业教育需求调整课程内容

高职院校的德育教育课程设置必须不断适应时代发展，适应用人单位的最大需求。这是客观要求，同时，也是高职院校的办学宗旨。德育课程的设置及具体实施过程，也必须先筛选课程内容，选择侧重点，以及覆盖问题。

一是在具体施教内容上，将企业文化转化为高职院校教学内容，也就是用高职院校语言很好地表达企业文化，结合实际地向学生施教。二是围绕学生对于未来的职业规划,将德育课程内容与之有机结合,为学生职业规划的设计提供可靠有效的依据。

对高职院校德育课程内容的调整,要强化学生德育教育,使学生正确理解和把握对于"专"与"德"的认知,即正确掌握技术技能,拥有高素质思想道德,做到既"专"又"德",熟悉运用岗位技术技能,以创新的精神艰苦奋斗、无私奉献,尽快成为用人单位的骨干和主力军。

3. 营造共同参与的德育氛围

由于用人单位和高职院校所处的位置不同,考虑问题的出发点和侧重点也有差异,有必要加强学校与用人单位之间的协作,共同营造更加适于学生发展和社会需要的德育教育氛围。多数用人单位更加看重高职院校学生的动手能力,以及其娴熟的操作技能,这是客观的,也是合理的。但对于职业道德与职业技能二者的平衡和调整,也必然是高职院校和用人单位共同关注的问题。

从企业建设发展的角度讲,大量高质量技术人才是用人单位最为关注的。对于高职院校而言,培养更多的拥有高超技术技能的"工匠型"人才,也是其教育目标之一。并且,职业道德与职业技能是相辅相成的,是缺一不可的关系。职业道德缺失的劳动者,是无法胜任用人单位工作的。因此,高职院校须与用人单位共同营造职业道德和德育教育氛围,努力实现职业道德与职业技能关系的平衡,才能够最终实现培养和造就综合型人才的目标。

4. 构建德育课程合作平台

搭建德育课程教学与广大企事业用人单位的沟通合作平台是一项长期的任务。在努力培养满足社会总需求的有用人才方面有着极其特殊和重要的意义。

其一,作为培养合格人才基地的高职院校,要时刻关注用人单位的需求,并且设计、搭建与之相适应的沟通渠道和合作平台,使所培养的学生与用人单位需求无缝对接。其二,在辅导学生进行职业设计规划时,为其提供直接的指导,使其职业规划目的更加明确。而要实现这一目的,就必须不断建立和完善高职院校与用人单位所构建的合作平台。其三,高职院校要面向社会、面向企事业用人单位,就必须把高职院校和企业共同建立的合作平台作为沟通反馈的基础，并在不断完善的过程中发挥其应有的作用，要使平台发挥最大作用，就必须使平台具有多样性、灵活性的特点，以实现校企融合。

对学生德育和职业道德的培养是高职院校和用人单位共同的任务，也是高职院校和用人单位共同的职责。搭建高职院校与企业的合作平台是开展德育课程改革的重点之一。这不仅是高职院校自身建设的需要，也是社会发展的客观需要。

社会中的很多因素对于处于成长期和心理发育期的学生来说影响是巨大的。正能量给予其更加阳光的思维方式和正确的思想道德定位；负面因素，尤其是一些典型案例又对学生良好道德品质的树立有消极影响。因此，这种合作就是要引入社会正能量因素，给予学生在校园和课堂上不能获取的营养，潜移默化地培育学生良好的职业道德。加强合作是校企在关注点上融合统一的最佳途径。企业良好的企业文化、优良的传统植根于学生心中，对于学生做好职业规划起着事半功倍的作用。这种合作和平台的建立符合高职院校的办学宗旨，是培养合格人才的必要保障。

第二节　高职院校德育教育体系整合创新

一、高职院校德育教育内容体系的整合

高职德育内容体系是指按照高职德育目标要求确立的，具有一定的政治教育、思想教育、道德教育、法纪教育、心理教育的观点及其思想体系，它是高职德育目标实现的关键。

高职德育内容体系的调整要体现时代性，把握规律性，富有创造性，要根据高职院校不同年级学生的身心特点、知识水平、思想状况、时代与经济社会发展形势的要求，确定不同年级德育内容重点和不同层次的教育内容，使高职

德育工作具有可操作性，并逐步形成与社会主义市场经济相适应、与社会主义法律规范相协调、与中华民族传统美德相承接的德育内容体系，并使这些内容形成序列，循序渐进地分布到高职各个年级的德育过程中，化为教师可操作、学生可接受的具体内容，这是重构高职德育内容体系的重点。

（一）实行德育五要素的分层式施教

高职院校不仅生源复杂、学制短，而且适应市场需求形成的专业种类繁多，涉及众多行业，有较大的变化选择空间，因此高职德育必须实施分层式教育。德育"五要素"包含政治教育、思想教育、道德教育、法纪教育、心理教育。分层式施教要求高职院校按照德育总目标及各年级德育目标的要求，结合高职学生在不同年龄段上的认知能力、思想实际与社会适应能力的特点，因材施教，分阶段、分层次进行教育。不同的教育阶段有各自的教育内容，"五要素"内容完整，不简单重复，由浅入深、循序渐进，有效对接、相辅相成，形成德育"五要素"分层施教的内容体系。

第一，高职一年级德育目标为"明确发展方向，提高综合素质"，侧重"导向教育"。政治教育内容为爱国主义教育、革命传统教育、国防教育、党团基本知识教育等。思想教育内容为集体主义教育、理想信念教育、校风校史教育、学风教育、养成教育、专业思想与学习方法教育、择业观教育等。道德教育内容为公民道德教育、个人品德教育等。法纪教育内容为公民的权利与义务教育、基础文明教育等。心理教育内容为进行关于角色转换、情绪管理、人际交往、生命教育、挫折应对与危机干预等适应教育。

第二，高职二年级德育目标为"加强技能训练，培养专业能力"，侧重"定向德育"。政治教育内容为建设中国特色社会主义理论教育、形势教育等。思想教育内容为："三观"（世界观、人生观与价值观）教育、人文素质教育、自我教育与自我管理、班风学风建设、养成教育、企业文化与企业精神教育、创业观教育等。道德教育内容为社会主义公共道德观念教育、职业道德教育等。法纪教育内容为社会主义法律意识和法治观念教育等。心理教育内容为建立积极的自我意识、塑造健全的人格教育；成功交往的品质、人生成功与意志品质等价值观教育。

第三，高职三年级德育目标为"实现角色转换，强化职业能力"，侧重"去向德育"。政治教育内容为马克思主义理论教育、形势政策继续教育、国情教育等。思想教育内容为终身学习教育、养成教育、正确择业观教育、就业指导教育、自主创业教育等。道德教育内容为职业道德继续教育等。法纪教育内容为部门法律教育等。心理教育内容为职业价值观、性格与兴趣气质等择业教育。

（二）开展价值观、义利观与经济伦理教育

重构高职德育内容体系是一项系统工程，需要根据经济多元化的要求，赋予传统德育内容以新的时代精神，增加新的内容，使德育充满生机和活力，以适应经济利益多元化的社会发展趋势。

第一，适应价值观多元化、复杂化的新形势要求，调整并加强价值观教育。价值观教育的关键点是处理好价值取向多元化与价值导向一元化的关系。在坚持社会主义核心价值体系一元化导向不动摇的前提下，正视人们价值取向多元化的存在，充分肯定、承认个体对自身合理利益的追求，尊重每一个个体的价值理想与价值目标，使价值观教育取得实效。价值观教育的根本点是坚持集体主义导向与利益导向的有机统一，以"新集体主义"来充实、改造传统集体主义。新集体主义不仅承认个人利益，尊重个人价值，还主张个人利益、个人价值应该充分地实现。价值观教育的立足点是对政治标准价值观的反思与超越，把价值观的选择权还给了主体性日益增强的每一个个体，人真正成为自身价值观的主人。价值观教育的着眼点是价值主体既要突出自我意识，又不能导致个人主义；价值目标的确定既要适当突出物质利益原则，又不能导致功利主义；价值评价既要避免绝对化，又不能导致相对主义。

第二，改造并赋予传统义利观以时代气息，加强新的社会主义义利观教育。新的社会主义义利观克服了传统义利观"重义轻利"的局限，鼓励人们通

过诚实劳动、合法经营获取正当的物质利益，强调要尊重和保护个人的合法权益。同时，新的社会主义义利观又克服了市场经济"重利轻义"的自发倾向，主张把谋取个人利益与自觉承担社会责任结合起来；是把国家和人民利益放在首位而又充分尊重公民个人合法权益的"义"和"利"相统一的新义利观。加强义利观教育的原则就是贯彻价值观教育中价值导向一元化和价值取向多元化的原则。加强价值观教育的着眼点是克服传统德育"罕言利"的弊端，在充分肯定个人正当、合理的利益的基础上，应防止出现"见利忘义"的极端思想。

第三，增加并强化反映市场经济要求与规律的道德观念——经济伦理教育。随着经济的发展，人们的竞争意识与发展压力也不断增强，注重物质、轻视精神的价值取向越来越明显，对学生产生广泛而深刻的影响。这就需要我们在教育和引导学生的过程中，坚持全面、协调的价值取向，建立与市场经济要求和发展规律相适应的德育内容体系，改变以往经济伦理教育比较欠缺，一般社会伦理教育内容滞后的状况，对个人应当具备什么样的经济伦理进行重新界定。经济伦理不仅从道德上论证人们追求正当利益的合理性，而且按市场经济本质揭示经济主体应该遵守的道德观念和规范，使处于竞争状态的各利益主体行为受公认的经济行为准则的约束，以建立一种经济发展所必需的伦理秩序，来保障市场经济的有序发展。高职院校应对学生着重进行关于诚信精神、竞争精神、创新精神、效益观念，以及平等意识、时间观念、合作精神等德育内容的教育，为学生更好地适应社会并顺利实现由学生向职业人、社会人的转变打下基础。

（三）强化基础道德教育和底线道德教育

一些高职院校学生人生目标模糊多变，对现实感到无奈，对未来缺乏信心，存在较为严重的自卑心理。一方面，他们希望得到社会的肯定；另一方面，他们又对高职学生身份从内心产生蔑视，对学校的条件和管理吹毛求疵，遇到问题不冷静，甚至采取过激行为来发泄不满。此外，他们虽然自我实现的愿望强烈，但缺乏应有的抗挫折心理准备。当主观愿望与客观现实冲突时，他们就会感到失落和不满，存在较强的逆反情绪。他们认识到知识、素质、能力的重要性，而又缺乏奋斗的动力；他们认识到自身成才的重要性，但又消极对待学校的教育管理；他们认识到社会进步的主流因素，但又经不起社会消极现象的诱惑。思想认识与实际行动产生两面性，进取愿望与消极心理产生冲突性，从而导致道德知行分离，心理压力与心理矛盾增大，心理困惑增多。高职学生的这些实际思想状况，说明了高职德育任务的复杂性与艰巨性，同时也要求我们必须从高职学生的实际出发，增强高职德育内容体系的针对性与层次性。

加强对学生的基础道德教育，教育学生从遵守生活准则做起，实质上就是加强学生的公民道德教育。《新时代公民道德建设实施纲要》指出，要把社会公德、职业道德、家庭美德、个人品德建设作为着力点，为加强基础道德教育提供了最好的教学标准，目的是使学生养成文明礼貌、诚实守信、互助友爱的良好品质，养成遵守公共秩序、爱护公共财物、维护社会公益、自觉维护生态环境的良好行为习惯。加强对学生的基础道德教育，核心是使学生正确认识个人利益和社会利益的依存关系，从而正确处理人与人、人与社会、人与自然的关系。底线道德是最基本的道德规范，也是基础道德不可逾越的底线，因此，也要加强对学生的底线道德教育。

（四）贯穿实施职业素质及就业创业教育

高职教育的目标是培养面向生产、建设、管理和服务一线需要的高素质技能型人才，实现高职学生的"零距离"就业。"零距离"就业不仅对学生职业技能提出要求，更要求学生具有一定的职业素质。这就要求学校在构建高职德育内容体系时，以培养具有良好职业素质和较高职业能力的高素质人才为目标，将职业素质、就业及创业教育贯穿德育活动始终，不断规范高职学生的职业道德行为，使其确立正确的就业意识与择业取向，培养学生实现"等待工作机会—寻找机会—创造工作机会"的转变，提高创业技能，为学生以后从事本职工作打下良好的基础。

第一，加强学校与行业、企业的联系，提高职业素质教育的有效性。职业素质是从事一定社会职业的人们，在特定的工作或劳动中必须具备的，与其职业活动相适应的形象、能力及道德修养的总和。高职学生的职业素质是指高职学生通过校企文化的熏陶与技能教育，以及自我陶冶和锻炼，为适应岗位需要所养成的职业认知、就业技能、工作态度、职业精神及心理状态。高职学生的职业素质具有丰富的内涵，它是高职学生胜任岗位需要、完成特定职责所必备的一切内在条件的综合体。就其结构而言，高职学生的职业素质大致包括政治思想素质、科学人文素质、道德法纪素质、审美情感素质、择业创业素质、劳动技能素质、团体协作素质、创优心理素质等。高职学生应重点掌握从事本专业领域实际工作的基本能力和基本技能，具备良好的职业道德与敬业精神。因此，高职学生职业素质教育的核心内容，就是培养学生爱岗守岗的敬业精神，增强服务人民、服务社会的思想观念，强化规范与质量意识，树立勤业精业思想，倡导诚实守信品质，引导奉献社会精神。职业道德素质教育不仅是对运用一定的价值观念解决道德冲突能力的培养，还给学生提供一个养成自觉遵守工作道德品质的机会，提高其日后在岗位中解决实际问题的能力。归根结底，高职学生的职业素质教育问题事关其生存本领与职业资格问题。因此，高职院校必须大力进行职业素质教育。一方面，要注重职业道德素质课与其他学科课程的教育与渗透，通过职业模拟、项目化教学等方式将职业技能教育与行业、专业职业道德教育紧密地结合起来；另一方面，借助校企合作、工学结合的平台，与行业、企业岗位紧密结合，聘请优秀企业家与行业精英为德育导师，走进校园，引导高职学生积极参与企业文化建设，大力宣传企业的经营理念与市场经济观，加强质量观念、竞争观念、效益观念、纪律观念等企业精神教育，合力进行职业素质教育，提升职业道德认识，坚定职业道德意志，外化职业道德行为，提高学生就业时对企业的适应能力，提高职业道德教育的实效性。

第二，加强就业及创业教育，帮助学生解决实际问题。针对我国现行的"双向选择、自主择业"的劳动就业制度，高职院校要积极引导学生转变就业观念，使其树立起"先就业、后择业、再创业"的新择业观，帮助学生充分认识我国当前的就业形势,合理定位,正确评估适合自己的职业,进一步完善高职学生就业信息服务系统,帮助学生掌握求职就业的有关知识与技巧,走一条面对现实、先融入社会再寻求发展的道路。

自主创业给高职学生提供了一个全新的就业思路,为其个人发展提供了一个广阔的天地和就业空间,加强创业教育指导是时代发展的要求,是高职学生在激烈的市场经济大潮中,求生存、促发展所必须走的路。高职学生具有实用性高的技能,对生产、建设、管理、服务过程中的各个环节有所了解,具有自主创业的优势,但是学生如果缺乏创业的基本知识与创业教育指导,很少能够真正实现自主创业。因此,加强高职学生创业前的教育指导,促进高职学生成功创业是高职院校就业指导的一项重要内容。为此,高职德育内容体系之中应融入就业与创业教育的内容,使思想道德教育全面融入职业指导工作,引导学生树立正确的择业观、就业观、创业观,养成良好的职业道德行为,鼓励学生通过自主创业充分发挥自己的积极性、主动性和创造性,去谋取自己的职业,促进自身的发展,提高就业及创业能力。

二、高职院校德育教育体系整合创新策略

高职院校坚持把立德树人作为根本任务,抓住全面提高人才培养能力这个重点,坚持不忘初心、牢记使命、培根铸魂、启智润心,着力培养"明大德、守公德、严私德",可堪大任的时代新人,为服务国家富强、民族复兴、人民幸福贡献力量。

高职院校不断探索研究,通过文化润德——中华优秀文化浸润教育、修心养德——健康心理滋养教育、活动蕴德——文明活动孕育教育、实践载德——创新创造社会实践教育,构建高职院校"四维融合"的学生德育培养体系,培养青年大学生爱党、爱国、爱人民,增强国家意识和社会责任意识,教育学生理解、认同和拥护国家政治制度,了解中华优秀传统文化、革命文化、社会主义先进文化,增强中国特色社会主义道路自信、理论自信、

制度自信、文化自信，引导学生准确理解和把握社会主义核心价值观的深刻内涵和实践要求，养成良好政治素养、道德品质、法治意识和行为习惯，形成积极健康的人格和良好心理品质，促进学生核心素养的提升和全面发展，为学生一生的成长奠定坚实的思想基础。

（一）文化润德，开展中华优秀文化教育

1. 以中华优秀传统文化为依托，培育传统美德

中国传统文化是中华民族的宝贵精神财富，其中的德育思想在新时代依然彰显出独特的人文价值。例如，高职学校可打造精品大学生行为礼仪与国学礼仪教育课程，促进大学生懂礼守德、德行双修；开展中华经典非遗文化棕编与剪纸，将国家非物质文化遗产磅礴的创造力、民族力、凝聚力深深熔铸在大学生心中，培育大学生民族认同感和自豪感；开办"六艺赋能"素质赋能课程体系，传承古代"六艺"中的教育精髓和逻辑，实现技能训练和价值观传递。

2. 以红色革命文化、社会主义先进文化教育为纽带，塑造和培育大学生的思维方式、精神品格、价值取向和行为方式

（1）常态化开展红色文化教育、党史学习教育。红色文化作为具有强烈时代色彩的文化，可以在思政教学中作为有价值的内容和文化资源，以课堂为载体，与高职院校文化建设紧密结合起来，在课堂这个具有普遍性的教育空间内完成教育任务，结合思政文化同社会实践和历史文化的联系，让学生接受正确的红色文化洗礼，帮助其塑造正确的历史价值观。

（2）落实落细"青年大学习"。依托"青年大学习"网络平台，以及团员发展培训、主题团日活动等各种形式的活动服务思政教育，引导青年大学生树牢"四个意识"，坚定"四个自信"，坚决做到"两个维护"。

（3）深入实施"青年马克思主义者培养工程"。邀请专家学者等为学生讲授马克思主义中国化的最新理论成果，举办形势报告会，分析社会热点问题，提高大学生骨干的理论素养和辨析能力。

（4）切实加强网络文化思想政治引领。加强网络文化思想政治引领是在信息化时代背景下，高职院校面临的一项重要任务。网络作为当代学生获取信息、交流思想的主要渠道之一，对学生的价值观念、行为模式乃至心理健康都有着深刻的影响。因此，加强网络文化的思想政治引领，旨在引导学生形成正确的世界观、人生观、价值观，增强其网络道德意识和法治观念，培养网络空间的公民素养。

3. 构建精神内涵丰富的校园文化环境，努力营造良好的育人氛围

校园文化既是培养人才所必需的文化氛围，又是高职教育的重要组成部分。良好的校园文化是培养学生个性品质和综合素质的关键因素，校园文化具有价值导向、行为规范、品德熏陶、扬弃与创造的德育功能。打造优秀校园文化，建设体现时代特征、职教特点的校园文化，建立并完善学院规章制度，推进院风、教风、学风建设，通过院徽、院训、院刊等载体表现校园文化，加强校园自然环境和人文环境建设，吸纳优秀传统文化、地域文化和职业文化，结合学院特点，精心布置各种场所，使校园的一角一落、一草一木、一砖一石都会"说话"。加强校园文化环境和氛围的建设，营造精神内涵丰富的文化环境，努力营造良好的育人氛围。

（二）修心养德，开展大学生心理健康教育

开展认识自我、尊重生命、学会学习、人际交往、情绪调适、升学择业、人生规划，以及适应社会生活等方面的教育，引导学生增强调控心理、自主自助、应对挫折、适应环境的能力，培养学生健全的人格、积极的心态和良好的个性心理品质。

1. 建立心理咨询室，开展心理咨询和心理辅导

开展心理咨询和辅导训练，帮助学生了解自我、接纳自我，对自我形象进行整体的认识，找出自己的优势与劣势，帮助学生树立信心，发挥潜能，实现人生价值。建立学生心理健康档案，定期开展心理健康筛查和专题讲座，宣传和普及心理健康知识，培养学生良好的心理素质，促进其身心全面、和谐

发展。

2. 加强大学生心理健康教育，丰富心理健康教育团体辅导活动

团体心理辅导是在团体的情境下进行的一种心理辅导形式，它是通过团体内的人际交互作用，促使个体在交往中观察、学习、体验，并不断认识自我、探索自我，从而调整、改善与他人的关系，学习新的态度与行为方式，以促进良好的适应与发展的助人过程。它有助于培养学生乐观向上的生活态度和健康愉悦的情绪特征，使其从中深化自我认识，充分发展个性，改善适应能力，修心养德，陶冶情操。

3. 培训赋能，增强自信，不断提升适应社会的能力与技巧

关注学生成长转型期的心理动态和心理需求，在学生面临升学、就业等关键时期，开展应急心理疏导培训、人格分析指导、人生规划教育、就业指导培训、职场模拟招聘等技能培训，帮助学生在人生成长的关键时期培养积极的心态和良好的心理品质，树立正确的世界观、人生观、价值观、择业观、职业观、创业观。

（三）活动蕴德，开展文明健康的校园文化活动

认真研究学生的心理特征，充分发掘学生自身的闪光点，以学生乐于接受的方式开展各种德育活动，让学生在活动中实践道德规范要求。大力活跃校园文化，拓展人文实践活动载体，升华文化内涵，丰富学生文化生活，把德育工作贯穿教育活动的全过程，寓智于心，蕴德于行。

第一，打造与时俱进的特色文化品牌活动，满足学生的成长成才需求，感召和影响学生的世界观、人生观、价值观。积极打造高职院校特色文化和人才培养质量文化品牌活动，精心打磨学院传统活动项目，进一步提升高职学生的思想政治水平和综合素养。

第二，大力开展校园艺术、科技类特色活动。例如，高职院校可持续开展"六艺赋能""非遗进校园""寝室文化节""校园之春""中华文化节""社团文化艺术节"等文化类活动，运动会、体育竞技赛等体育类活动，歌手大

赛、迎新晚会、摄影大赛等艺术类活动，"挑战杯""振兴杯""互联网+"等科技类创新创业活动，广泛开展各类教育培训活动，把德育工作贯穿教育培训活动的全过程，启智润心，培根铸魂。

第三，广泛组织学生参与各类技能大赛，延伸实践教学作用，正确培育学生综合素质素养。以赛促学、以赛促教、以赛促训，在竞赛实践中不断提升学生德育发展。通过广泛组织学生参与专业技能竞赛、双创竞赛、各类科技文化竞赛等方式，使学生在实战竞赛过程中不断激发爱校情怀，增进团队合作精神和集体荣誉感，强化职业道德，提高心理素质，从而渗透感恩教育。

（四）实践载德，加强创新创造社会实践教育

实践是将知识转化为能力的唯一中介，在实践教学中寻求创新教育和思政教育的契合点，不仅可以育智，还可以育德。社会实践教育为大学生提供了学以致用的途径，是实现立德树人的基本途径，是大学生改造主观世界、实现自身全面发展的根本途径，是大学生思想品德形成和发展的决定性因素。开展专业实习实训、创新创业教育、就业指导教育、志愿服务工作、社会实践活动，可以引导学生对所学理论进行检验、运用及发展，强化学生专业技能，提高学生的就业核心能力及创新能力，增加其生活阅历，使学生提高认识和改造世界的能力，实现从"知识人"到"能力人"的转化，升华品德教育，促进其全面发展。

第一，加强专业实习实训，树立学生职业理想，培育职业道德和大国工匠精神，紧贴产业结构调整和技术革新，根据未来社会对人才的技能与素质要求，与企业共同研究学生需要获得的专业技能和素质要素，共同设计"技能菜单"，并纳入各专业（群）的人才培养方案中，构建"技能菜单"式的课程体系。紧扣"技能菜单"培养方案，促进教学、学习和实训的有机融合，采用项目引领、任务驱动的教学方法，大力推行"做中教、做中学"教学模式，加强学生实践锻炼。

第二，加强创新创业教育和就业指导教育，不断培养学生良好的社会公德、职业道德和文明行为习惯。突出以诚信、敬业、责任为重点的职业道德教育,帮助学生树立正确的理想信念。结合社会、职业及岗位对人才的培养要求,加强双创教育和就业指导教育,加强职业道德教育和职业行为习惯养成教育,通过职业指导和具有职业特点的社会实践等多种形式的教育活动,培养学生诚实守信、爱岗敬业、团结协作、服务社会的职业道德素养,引导学生树立正确的职业理想,确立正确的职业观、择业观、创业观。

第三,大力弘扬志愿服务精神,将志愿服务精神与时代精神相结合,滋润学生心灵。大力弘扬"奉献、友爱、互助、进步"的志愿精神,以志愿服务和社会实践为主线培育社会公德。学生志愿服务工作与学校德育一脉相承,"志愿服务"实践有利于增强学生的社会责任感和社会实践能力,服务教育工作大局,促进学生健康成长,提高学生参与社会发展的获得感和认同度。

第四,广泛开展暑期"三下乡"大学生社会实践和"返家乡"大学生社会实践活动,充分发挥社会实践育人作用,服务地区经济发展。加强和改进大学生思想政治教育,深化其爱国主义教育,增强教育实效,引领学生在社会实践中受教育、长才干、作贡献,使其成为德、智、体、美、劳全面发展的社会主义建设者和接班人。

第六章　新媒体视域下高职学生德育教育创新

第一节　新媒体视域下高职学生德育创新的重要性

随着新媒体的飞速发展，它逐渐成为影响高职德育的重要因素，给大学生德育工作带来挑战与机遇。

一、德育创新新机遇

新媒体因其互动性、开放性等特点为大学生德育创新带来很好的机遇，主要体现为以下七点。

第一，新媒体为德育提供了新的载体。载体是德育系统不可缺少的重要组成部分。德育载体是指承载、传导德育因素，能为德育主体所运用且主客体可借此相互作用的一种德育活动形式。在新媒体传播方式下，德育信息具有以下优势：一是新媒体技术使教育内容从平面化走向立体化、由静态变为动态；二是新媒体承载的超大信息量丰富了教育内容，增强了教育内容的可选择性；三是较高的文化与科技含量将教育信息隐含在历史文化知识和现代科技信息之中。高职院校通过新媒体这一载体进行德育，可以扩大教育的覆盖面和影响力，使大学生通过新媒体获得广泛社会信息的同时，接受德育信息，受到德育的影响，从而提高道德素质。而且这种教育形式对其他载体的德育影响构成一种相互补充的作用，因而可增强德育的影响力和有效性。

第二，新媒体为德育知识和价值传播创造了有利条件。从传播学角度看，德育是以道德观念、道德规范为核心的德育信息的传播行为和过程。在此过程中，教育者向学生传递信息，是开展德育的起点。较传统的德育信息传播方式，新媒体信息传播具有明显的优势，这对德育知识和价值传播非常有利。其表现为：吸引力更大，新媒体将文本、图画、声音等信息集为一体，能调动学生获取信息的主动性、参与性；感染力更强，新媒体的多媒体展现形式对人的影响力大大增强；更快捷方便，学生可在任何一个终端，随时、高效获取知识和信息；更加开放，新媒体为大学生提供了更大范围的学习和社会实践环境，促使他们在社会化过程中趋于成熟。

第三，新媒体可以促进德育的互动及主体性的发挥。在德育中，教育者和受教育者的行为和活动需要互动，这种互动表现在信息传递、接受和反馈的过程中。以往的德育较多采用的是单向灌输的方法，忽视受教育者的需求和接受能力，抑制了受教育者的主动性和创造性，使其处于从属地位。新媒体提供了一个开放的平台，使参与者主体意识迅速觉醒并不断增强。在新媒体传播中，交往对象的社会角色通常是虚拟的，交往对象没有心理负担，使交往者保持相对平等的心态，有利于宽松的人际关系的建立。角色还是可以互换的，在浏览网页选择和吸收德育信息时，参与者是以受教育者的身份出现的，而在参与信息的制作、发布等活动中，将自己的思想传播出去时，参与者又成为教育者。在新媒体互动平台上，教育者与受教育者的关系更具有融洽性，双方都能较好地发挥其主体性。

第四，新媒体有利于增强德育效果。检验德育是否有效以及效果的大小，其主要依据是德育的目的和意图的实现程度。教育者把社会要求的道德观念和规范作用于受教者的知觉和记忆系统，引起其信息量的增加和信息内容构成的变化，即受教育者对德育的认知；作用于受教育者的观念和价值体系而引起情绪和情感的变化，即社会主导价值的内化与维护；这些变化通过受教育者的言行表现出来，即行为习惯的养成。在这三个层面中，第一、二层面叫"内化"，第三层面叫"外化"。三个层面体现了效果形成的不同阶段，从认知到态度再到行动是一个效果积累、深化和扩大的过程，要取得德育的最佳效果，内化是关键。从新媒体的传播特征来看，新媒体为促进大学生内化提供了新的契机。新媒体空间中丰富的共享信息，为开展德育提供了充足的资源；新媒体信息传输的快捷性和交往的隐匿性，利于教育者迅速了解受教育者的思想情绪和所关心的问题，增强教育的针对性；新媒体主体的平等性和交往的互动性，有助于受教育者主动参与对话交流，有利于把教育转化为受教育者的自我教育，提高教育的实效性。

第五，新媒体有利于形成德育的合力。教育学领域中的教育合力，是指学校、家庭、社会三种教育力量相互联系、相互协调，形成以学校教育为主体、以家庭教育为基础、以社会教育为依托的共同育人的力量，使学校、家庭、社会教育一体化，以提高教育活动的实效。学校教育的合力，是指来自学校内部各方面的教育达到高度一致，从而达到最佳教育效果。大学生德育合力就是指大学生德育系统内各构成要素及其与环境系统相互作用，在运行过程中所产生的综合力。德育通过网站、微信、QQ群等平台，可以使学校、家庭、社会都参与到学生的教育中，突破了过去教育中存在的时间和空间的障碍。在学校德育中，由于新媒体的广泛参与性，广大专职教师、管理层可以更好地与学生互动交流，扩大了德育的参与面，同时由于新媒体参与者的匿名性和平等性、互动性，可以充分发挥学生自我教育的积极性和主动性。因此，在德育中运用新媒体，有利于形成学校、家庭、社会、学生四位一体的教育体系，易于形成教育合力。

第六，新媒体对大学生思想道德产生一定积极影响。新媒体有利于大学生新的价值理念的形成。共享、平等、效率、开放是新媒体所蕴含的价值理念。而新媒体的虚实两重性、平等交互性、大众化等特点容易使新媒体上的交往打破社会等级的观念，有助于学生平等意识、共享意识的形成。新媒体运行的快捷性、简便性，有利于培养大学生的效率观念。新媒体的兼容性，有利于学生开阔思想，增强了学生的开放意识、全球化意识和多元化意识。

新媒体的自主参与性、高度自治性，使新媒体空间的道德主要依靠参与者的自律，有利于培养学生的道德自律；新媒体信息的繁杂、价值观的多元化，为学生创造了道德认知、道德判断的环境，有利于培养和提升学生的道德判断能力；新媒体空间秩序的维护主要依靠一些管理规定和自律协议，学生在新媒体空间的道德行为是一种基于个人道德认知、道德判断的自主选择，因此，新媒体空间的优良道德行为有助于学生的现实道德行为和品质的养成。

第七，新媒体传播促进了我国公民社会的发育。从伦理学的角度分析，公民社会是公民作为社会主体的社会，新媒体传播使广大民众积极参与到公共事务中，公民社会趋向与公民伦理诉求成了当代中国的基本社会存在境况。新媒体把中国公民社会的发育置于全球化的背景中，决定了中国传统伦理向现代公民伦理演进的方向。新媒体使受众具有全球化的特征，中国全球化的际遇为中国公民社会精神气质与公民意识的生成提供了可资借鉴与汲取的精神文化资源。

二、德育创新是新媒体视域下促进大学生全面发展的必然选择

"每个人自由而全面地发展"是未来社会的基本特征之一，也是我们奋斗的目标，新媒体为大学生的全面自由发展创造了有利条件。

（一）人的全面发展理论

全面发展是人的本质的对象化，全面发展的主体是社会的所有成员，全面发展最终将成为人的根本权利。由于人的本质具有多方面的规定性，人的全面发展表现出多方面的规定性，即作为人类存在物时，人的劳动活动的全面发展；作为社会存在物时，人的社会关系的全面发展；作为完整的个体的人时，人的个性和潜能的全面发展。人的个性的发展首先是人的需要的全面发展，人的需要除物质需要外，还包括社会关系、精神生活的需要，以及自我实现和发展、超越自由的需要等。人的个性的发展其次是人的能力的全面发展，即发展自己的体力和智力、自然能力和社会能力等，并在实践活动中发挥全部才能和能量。人的个性发展最后包括主体性水平的全面提高以及个人独特性的增加和

丰富，主体性主要表现为能动性、创造性与自主性，人的主体性的全面发展不但指其特殊属性的充分发挥，而且指人成为自然界、社会和自我发展的主体。以上三个方面的规定性是依次递进的关系，作为完整个体人的个性自由发展是人的全面发展的重要内容和根本标志。

（二）新媒体的发展为大学生全面发展带来了机遇与挑战

新媒体的发展为大学生全面发展既带来了机遇，也提出了挑战。

首先，新媒体为大学生全面发展创造了有利条件。其一，新媒体为大学生全面发展提供了一定的基础。人的全面发展以社会生产力的高度发展为前提，新媒体的诞生是社会生产力高度发展的成果。在新媒体环境中，大学生摆脱了过去由于生产力落后所带来的时间和空间的束缚，新媒体环境扩大了人的活动范围，催生了新的生产方式、生活方式，为人的全面发展奠定了基础。其二，新媒体为大学生全面发展提供了文化条件。新媒体促进了社会文化的繁荣发展，新媒体环境具有的一系列特征催生了新的思想方式、行为方式，形成了充满时代特色的新媒体文化，必将推动我国先进文化的建设，包括道德水准的提高和科学教育的发展。全面发展的人首先应具有高尚的道德情操，能够正确地认识和处理个人与他人、个人与社会之间的关系，具有正确的世界观、人生观和价值观，新媒体环境有利于大学生解放思想、更新观念、提高素质。其三，新媒体平台为大学生社会关系的丰富发展创造了条件。新媒体的发展使个人可以与世界上任何地方的任何人建立虚拟或真实的关系，使个人从狭小的空间走向世界的舞台，促进了人的个性自由发展。新媒体的虚拟性、自主性、开放性、互动性、自治性，使学生可以在新媒体中展示更加真实的自我，一定程度上满足了学生的社会关系精神生活的需要，以及自我实现和发展、超越自由的需要，为学生能力的发展、主体性水平的提高创造了条件。

其次，新媒体对学生全面发展带来了挑战。新媒体的虚拟性、超时空性，有时使学生与他人的关系陷入虚拟的误区，从而影响学生的全面发展。新媒体的发展使人与人交往的模式很多时候变成了"人—机—人"的交往模式，人与人的交往通过数字化的符号，减少了人与人交往的感情色彩，有时不利于人们之间建立全方位的关系；新媒体空间内信息的繁杂性，对大学生的思想观念、价值观的形成带来挑战。新媒体传播的开放性、全球性，造成信息监管难度大，使得新媒体空间内的信息较为繁杂，中西方文化相互碰撞，价值观多元化，主流价值观受到冲击，这给大学生思想观念、价值观的形成带来冲击。

（三）新媒体视域下的德育创新是大学生全面发展的需要

运用新媒体进行大学生德育的核心是做学生的工作，通过调动和发掘学生的主动性、积极性和创造性来实现学生自身和社会的全面发展。它通过开阔学生的眼界、活跃学生的思想、增强学生的交流充分调动和发挥学生的积极性、主动性和创造性，为学生和社会的发展创造物质和精神条件。促进学生的全面发展，是新媒体视域下大学生德育的出发点和终极归宿。

基于人的全面发展决定了新媒体视域下德育的着眼点和侧重点。新媒体视域下的大学生德育应从满足学生的需要着手。如安全需要、人际交往需要和获得尊重的需要等。由于新媒体环境的开放性、平等性、互动性、虚拟性等特点，新媒体环境中人与人之间的关系被极大地丰富和发展了，这种交往关系的全面和普遍是新媒体的最大特色，也是应着重注意的方面，大学生在新媒体平台上的广泛交流可能会造成学生迷失自我。新媒体视域下大学生德育应侧重学生健康人际关系的建立，从而促进学生健康发展。

基于人的全面发展决定了新媒体德育必然要与现实德育相结合。人的全面发展是指人性中的各种属性都得到全面发展，不是其中一种属性得到发展。人性中不仅有现实性，也具有虚拟性。我们在实践中的误区是将新媒体德育与现实德育分离，忽视了二者的融合与配合。只有从人的全面发展出发，在虚拟和现实之间保持合理的平衡，做好新媒体德育与现实德育的结合，才能促进学生全面发展。

第二节　新媒体视域下高职学生德育指导理念的创新

新媒体对大学生德育产生了巨大的影响，新时期必须根据新媒体带来的变化，结合新媒体的传播特点和规律创新大学生德育，而德育指导理念的创新是创新德育的根本，创新新媒体视域下的大学生德育，必须首先创新其指导理念，即整体育人理念，一元主导与多样化的理念，德育价值取向与社会道德整体发展趋向相一致的理念。

一、树立整体育人理念

整体育人理念是指把德育的主体、客体、介体以及德育的现实环境和虚拟环境，看成一个整体。

近年来，关于德育合力、思想教育合力的问题引起人们的广泛关注。发挥好德育的合力，一方面可以产生比单一学校德育更强大的力量，另一方面可以产生类似于几何效应的一种新的力量。而面对新媒体环境，实现从单一学校教育向学校、家庭、社会教育与新媒体虚拟空间教育结合的方向转变就显得尤为重要。

随着新媒体突飞猛进的发展，德育出现了社会化、本真化、深邃化、立体化的发展趋势。德育成为一个终身的、全员的认识理性和实践理性。

德育不是一个孤岛，它不仅与学校其他学科的教育密切相关，而且与整个社会紧密相连。但是长期以来，我国学校德育与社会德育形成了相对独立的封闭性体系，因此在面对新媒体的开放性时，传统德育体制就存在一定差距。在新媒体视域下，要把单纯的学校德育扩展到家庭、社区、社会乃至新媒体自身，让社会来共同承担德育任务与责任，要健全学校、社会、家庭的网络化的评估体系，尽量减少德育与新媒体的结构性落差，减少信息开放与德育封闭的冲突。客观上，新媒体对学校、家庭、社会、学生的影响是巨大的，新媒体全方位地改变了人类的生存方式。因此,在新媒体视域下,德育应实现从单一学校教育向学校、家庭、社会教育与新媒体虚拟空间教育结合的整体育人理念。

二、树立一元主导与多样化的理念

新媒体的迅猛发展更使文化多元化、社会信息化、社会多样化和个体特色发展等日益明显。在这些新背景下,德育要正确处理新媒体视域下的多元文化激荡、社会多样化发展、多元道德冲突与中国传统道德的继承、对西方道德观念的借鉴与扬弃之间的多方面的辩证关系,就必须既坚持以社会主义核心价值体系为主导,又继承中国传统道德的优秀传统。

(一)坚持以社会主义核心价值体系为主导

社会主义核心价值体系包含了国家层面、社会层面和个人层面的价值追求,它是构建和谐社会的精神支柱,也是个人层面的价值准则。在新媒体环境下,德育工作需要:

第一,强化价值观教育:利用新媒体平台,如社交媒体、在线课程,结合虚拟现实技术以及创新的价值观教育形式,使社会主义核心价值观深入人心。

第二,加强理论研究与实践探索:深化对社会主义核心价值体系的研究,将其理论成果转化为可操作的教育实践,使之在校园文化和日常生活中得到体现。

第三,培养道德模范:通过新媒体传播道德楷模的故事,发挥榜样的力量,引导学生自觉践行社会主义核心价值观。

第四,促进互动交流:建立线上线下的互动平台,鼓励学生就价值观问题展开讨论,增进理解和达成共识。

(二)继承并弘扬中国优秀的传统伦理道德及其德育价值

中国传统道德是新媒体视域下德育的精神家园,是不可撼动的"根"。通过对中国传统道德文化进行梳理、分析和扬弃,实现对中国传统道德文化的继承和创新。就主流而言，中国传统道德是以儒家思想为核心、以道家思想和佛家思想为补充的三位一体的体系。这个体系随着社会的发展一直处于变化之中。经过认真梳理，学界挖掘出支撑中华民族近两千年的道德价值，并把其作为推进当前道德发展的思想基础。中国传统道德的核心价值规范包括仁、义、礼、智、信等方面。中国传统文化的道德精神的重心不在于个人，而是把个人的道德修养当作个人参与社会活动、推动社会发展与进步的途径，道德修养从修身开始，直至"齐家、治国、平天下"。这些都是宝贵的道德资源。

三、树立德育价值取向与社会道德整体发展趋向相一致的理念

新媒体传播促进了我国社会伦理向现代公民社会伦理的演进，新媒体视域下的德育创新应坚持德育价值取向与社会道德整体发展趋向相一致的理念，顺应新媒体视域下我国社会伦理向现代公民社会伦理演进的趋势，注重大学生的公民伦理德育。

（一）社会道德的整体发展趋向决定了德育的价值取向

伦理道德作为社会结构中的观念形态，随着社会物质与制度层面的改变而变迁，这种变迁有自发的演进与自为的推动两种形态。自发的演进指伦理价值生态因其存在的物质基础的改变而变革，其间有不依人的意志的发展趋向；自为的推进则是社会主体力量根据变迁的社会生活与利益关系，有意识地推进伦理道德价值与规范，构建新伦理精神与塑造道德人格范式。现代化中的伦理变动是自发、自觉的两种力量相互交织、相互作用的过程与结果，是实然与应然的统一。中国现代化进程是在以新媒体为代表的信息化推动的全球化的环境下展开的，这种境遇颠覆性地改变了传统社会结构与人的生存方式，使长期处于孤立封闭、自生自长的文化空间结构之中的中国传统伦理文化及其价值范式面临生存境遇的置换，必将产生与时代境遇的深刻矛盾并面临较大的变迁。尽管

精神文化历史惰性的特质依然存在，但中国现代化进程中新的社会境遇和人的生存方式促进了传统人伦秩序的改变和新伦理范式的形成。从社会主体道德构建的自觉行为考察，现代化中精神文化的促动因素包含社会主体的自觉行为。社会精神文化难以自发完成自身的历史转型而获具现代性气质，它作为人们生存方式的精神价值凝结，自始至终受到社会主体的自觉意志的规划、导控与指引。代表社会意志的主体通过道德文化建设和德育来导引精神文化与规范社会生活的人伦秩序，现代化中的精神气质的转变是实然与应然的统一。因此，社会道德的整体发展趋向决定了德育的价值取向，德育的价值取向应与社会道德的整体发展趋向相一致，只有这样才能发挥德育的社会主体自觉作用，才能使社会道德朝体现社会主体意志的应然发展方向。

（二）新媒体传播促进了我国公民社会的发展

新媒体传播为中国建构了较理想的公共领域，推动了中国公民社会的进程。在此之前，民众参与中国大众传媒的程度不高。新媒体把传统媒体的受众转变为传播者，使中国普通民众大规模介入公共信息传播。新媒体向所有人和所有问题开放，公共话题的范围从传统公共领域的文学艺术话题，几乎扩展到社会生活的一切领域。公众可以按照自己的意愿自由讨论问题并推动舆论发展，使公共事务更多地置于公众的监督和评判之下。新媒体通过建构公共领域，促进了我国公民社会的形成，也孕育了开放、平等、民主等现代伦理精神。

新媒体传播使广大民众积极参与到公共事务中，公民社会趋向与公民伦理诉求成了当代中国的基本社会存在境况。从传统社会依附型人格走向公民社会独立型人格，成为中国社会伦理变迁和公民伦理趋向的必然。公民人格的价值包含两个方面。其一，既尊重个体独立价值的主体性，又强调尊重他者权利的主体间性。公民人格在强调对依附性、受动性消除和主体性、独立性获得的同时，强调人应当承担社会义务和对他人的尊重。新媒体传播环境促进了人们独立性和主体性的自我意识，同时网络社区中的社群化又使人们形成了对他者权利的尊重和认同。其二，既推崇契约精神和规范意识，又高扬德性价值。契约精神是平等主体为了尊重相互间的主体地位与权利而达成契约的精神凝结，是维系公民社会正常交往的最基本的主体人格要求。德性精神是一种道德价值信仰，是主体内在的对美德与崇高人格范型的追求。公民人格既推崇契约精神又崇尚德性价值，在优先强调契约与规范意识的同时，又倡导作为价值信仰存在的德性精神。新媒体所具有的网络文化精神和技术理性与契约精神之间相互贯通，新媒体视域下的网络化生存使差异主体的独立性越发强化，个体权利诉求更加自由与开阔。因此，新媒体催生了契约精神与德性精神统一的现代伦理精神。

第三节　新媒体视域下高职学生德育方法、形式的创新

新媒体的发展使德育方法从静态走向动态、从平面化变为立体化。应运用网络媒体、手机媒体等新媒体平台创新德育方法，改进德育形式，创新运用自主性德育、参与式德育、嵌入式德育等形式，突出德育的针对性和实效性。

一、运用新媒体创新德育方法

（一）运用网络媒体创新德育

互联网已经成为青少年获取信息、交流思想、表达情感的主要平台。因此，运用网络媒体创新德育方式，成为提升德育实效性的关键策略。

（1）微视频与动画：制作富有创意的微视频和动画，生动活泼地讲述道德故事，阐释社会主义核心价值观，让抽象的道德理念变得具体可感，易于接受。

（2）在线互动平台：建立在线德育社区，鼓励学生参与讨论，分享个人成长经历，互相启发，形成正向的网络文化氛围。

（3）虚拟现实体验：利用 VR 技术模拟历史事件或道德情景，让学生身

临其境地体验道德抉择，加深对道德原则的理解。

（4）游戏化学习：设计包含道德教育元素的游戏，寓教于乐，让学生在游戏中学习合作、公平、责任等道德规范。

（二）运用手机媒体创新德育

手机媒体的基本特征是数字化，最大的优势是携带和使用方便。手机媒体作为网络媒体的延伸，具有交互性强、信息获取快、传播快、更新快等特征。这些特征使得手机媒体渗透到生活的各个层面，深刻影响着人类的传播活动。

（1）运用手机微信、QQ等社交平台，对学生进行互动、平等的参与式德育。教师还可以根据学生的具体情况进行定向的交流，有利于学生积极参与整个教育过程，与教师形成平等的教育关系，从而提高教育的针对性和实际效果。

（2）开发德育微信公众号、微博认证消息订阅等，对学生进行社会主义核心价值体系的教育。可以开发专题的德育手机报平台，也可以结合普通的校园网新闻推送等，把德育方面的内容形象化、具体化、数字化。

（3）运用院系班级群组的群发等功能，为学生提供学业、就业指导等服务。社交平台群组的群发功能是对学生进行服务的很好的平台，运用群发功能，可以把学生选课情况、就业招聘单位、招聘会等信息以群组形式通知学生，使学生在第一时间获取信息并为下一步的学习和就业做好准备。

（4）通过公众号图文大赛等形式，发挥学生自我教育的作用。学生是接受教育的主体，也是自我教育的主体，如何发挥学生在教育中的主体作用是教育取得成效的关键。在手机媒体运用普及的今天，微信、微博、校园群组社交平台等成为大学生之间交流的重要方式。例如，开展公众号图文大赛等活动，可以引导学生撰写内容健康积极的文章，远离垃圾和不健康的文章，增强学生对道德信息的选择和判断能力。

（5）加强手机媒体的管理，营造积极健康的手机文化。对手机媒体的管理须明确责任主体，理顺管理体制，同时，明确相关管理部门的职责，加强协调配合。

(三)运用电视新媒体创新德育

电视新媒体包括数字电视、网络电视(IPTV)、移动电视与户外新媒体等。应根据户外、车载、电梯间的电视媒体强迫收视的特点,将社会主义核心价值观的内容数字化、形象化地展现在人们面前,使人们在潜移默化中受到教育和熏陶。同时通过这些媒体对优秀道德的传播,营造良好的道德建设环境与氛围。

另外,运用校园电视平台,对学生进行德育。校园电视是学生在学校中收看电视节目的主要工具,一般放置在宿舍和教室里。学校可以结合学校和学生自身的特点,制作与学生生活紧密相关的、内容健康向上的电视节目,对学生起到引导和教育的作用;同时可以增加学生与校园电视互动的机会,通过学生参与节目制作,在节目播出过程中短信参与、有奖竞答等形式,把学生吸引到积极健康的优秀校园电视节目中来,让学生在参与中接受教育。

二、运用新媒体改进德育的形式

(一)自主性德育

自主性德育是一种肯定德育主体具有相对独立地位和权利的德育,是一种充分肯定德育主体内在道德需要的德育,是一种内化了社会需要并对社会完全负责的德育,是一种充分体现人的生存价值和生命意义的德育。

自主性德育作为一种以教育者与受教育者的自主性为特征的学校教育,必然遵循自由性、理性、价值性的原则。

首先,新媒体环境产生了实行自主性德育的迫切需求。一方面,现代社会造就了人的个性发展的环境和空间;另一方面,现代社会对人的个性化要求越来越高。作为人的个性化特征,人的自主性也必然成为社会和个人发展追求的目标。由于新媒体的全球性的、去中心化的交互性使人们的交流跨越了时空和国界,从孤立的自我走向高尚、友谊、互助的群体。所有这一切可以说都需要以人的自主性为前提。社会的这种需要要求教育应该做出与此相适应的变革和应答，也就产生了社会对自主性德育的诉求。

其次，新媒体环境为自主性德育创造了机遇与条件。新媒体的开放性、互动性、虚拟性、参与性为自主性德育创造了机遇与条件。师生可以隐去现实中的真实身份，以平等的姿态、敞开心扉进行平等交流，有利于建立师生平等的关系，提高教育效果；新媒体的广泛参与性可以使师生随时、随地参与到讨论和交流中，使学生的需求得到理解和尊重，有利于自主性德育的开展。

自主性德育的目的是培养具有自主性道德的人，而一个具有自主性道德的人，其人格结构则可能逻辑地表现为自主性道德意识、道德能力、道德习惯、道德精神等，其关键之处在于受教育者的自主性德性素质的培养方面。而最注重道德自主性的新媒体环境，为坚持和发展自主性德育的目提供了条件。

新媒体视域下自主性德育活动中的师生关系表现出两个特点：其一，师生交往是平等的关系；其二，师生关系是一种帮助指导的关系。在这种相互的、合作的道德学习过程中，学习者应该是独立的、自由的。而学生的自主学习、自主选择、自主评价、自主需要教师的积极指导和热情帮助。

（二）参与式德育

参与式德育的实质是生活德育、活动德育、体验性德育、社会化德育，是学生在真实的生活（包括学校、家庭、社会）中通过参与活动和亲身实践来体验的德育。

参与式德育的特点概括起来主要表现为实践性、开放性和生成性三个方面。只有在实践中学生的主观认识见之于客观行为，潜在品质才变为显性品质。学生只有在德育实践过程中将内化的德育知识、信念外化到行为上，才能形成相对固化的品德。参与式德育，其实质是让学生参与到真实的生活中来，满足其不断发展变化的需要。这需要教师通过创设一定的情境来提升学生的需要和兴趣，让学生接受无痕的教育。参与式德育是一个不断生成的过程。因此德育活动在理念、内容、方式上也要变化，是一个不断变化、生成的过程。

新媒体传播的特点决定了其为德育提供了一个与以往不同的教育环境。新媒体环境对以灌输为主的传统教育模式提出了挑战，迫切需要构建与新媒体相适应的、现代开放的参与式德育。新媒体的开放性、信息的海量性产生了实行参与式德育的诉求。新媒体环境在对参与式教育提出迫切要求的同时，也创造了参与式德育构建的有利条件。同时，新媒体是即时传播，用户可以随时随地地交流，这些传播特点比较有利于学生参与到教育活动中，不必受时间和空间的限制，而且增加了教育者与受教育者的即时沟通交流，使得彼此相互了解和理解，有益于提高教育效果。由于新媒体的匿名性、虚拟性，教师和学生都可以隐去身份，较真实地表达自己内心的想法，有利于创设较真实的生活和社会环境，让学生没有心理负担地进行道德选择和道德判断。因此，新媒体环境为参与式德育的实施提供了很好的机遇与条件。

新媒体视域下参与性德育的实施可以分为以下三个方面：

第一，运用新媒体，构建学校、社会和家庭参与的大德育格局，形成德育合力。通过线上与线下相结合，建立学校、学生和教师与家庭、社会之间走出去和请进来的互动。面向社会开展德育，学生价值观的变化和道德行为、观念就能在较大程度上与社会发展相契合。

第二，运用新媒体增强学生的参与性，发挥学生在教育中的主体性作用。在学校德育中，教师应意识到不同学生的特殊性和差异性，以学生为本。学生是主体、是关键、是目的，应充分发挥学生的自主性和能动性。新媒体是全面参与的、充分展现个性的媒体，学生可以自由在新媒体空间中浏览信息、发表言论、上传视频和图片，而微信、微博等相对固定的新媒体为培养自主的、理性的个体提供平台。

第三，运用新媒体让学生参与人际交往中的道德实践。新媒体最显著的特点是广泛的交互性，人们可以通过新媒体与世界各地的人进行广泛交流，这样就拓展了学生的交往空间。同时新媒体的去中心化和虚拟性，使得新媒体中没有领导者与被领导者，只有身份平等的新媒体用户，新媒体为大学生创设了广泛的、平等的交往空间。

（三）嵌入式德育

嵌入式教育一般指两种情况。一种是技术嵌入式教育，主要是将计算机技术、电子技术和其他学科与技术相结合进行综合教育的方式。另一种是课程嵌入式评价法。这一评价方法以通识课程教学为基础，教师以一种不受外界干扰的、系统化的方式，对学生作业按课程目标各个方面来评出等级，以此来衡量学生的学习效果。

嵌入式德育是一个综合的、广义的概念，既包括在借鉴传统德育的基础上，教育者借助一定的终端，通过先进的技术嵌入用户计算机、移动通信工具，对学生进行德育，也包括通过网上与网下结合，教育者以协作者的身份参与到学生德育活动中对学生进行德育。

新媒体视域下嵌入式德育的优势。一方面，嵌入式德育可迎合大学生的信息行为模式。因为，现在绝大多数的大学生都喜欢使用数字资源，可以说，新媒体平台已经成为他们生活中非常重要的一部分。另一方面，嵌入式德育可不受时空限制地对学生进行教育。而且教育的形式比较自然，基本上是一种无痕的教育。

新媒体视域下嵌入式德育的实现模式包括如下几种：

首先，德育嵌入计算机网络空间是指把德育信息内容经过数字化处理以后嵌入用户的计算机桌面、浏览器、常用学习软件、常去的网站、热门搜索引擎等用户虚拟环境中，还可以嵌入院系网站、学生活动主页、社交网站、网络论坛、即时通信工具等网络环境中，以营造德育信息在虚拟空间无处不在、用户可信手拈来的局面。

其次，利用手机这个便捷的通信工具开展嵌入式德育，其前景将是非常乐观的。可以借助手机报的特定用户、强制播出的特点，将德育内容融入其中。借助手机短信互动交流、私密性、容易被接受的特点，将德育内容融入其中。还可以利用可视化技术为教育者和学生提供一个实时的、虚拟的"面对面"的环境，让教师和学生间的沟通更具亲和力，从而提高教育效果。

最后，在新媒体空间中针对热点问题和情境进行嵌入式教育。通过在网络社区、网络论坛等设置热点问题讨论，并由理论知识功底深厚、经验丰富的教育者来主导和引导学生的讨论，让学生在问题和情境中进行道德判断，做出道德选择，有利于提升学生的整体道德水平。

第七章　多元化背景下高职院校德育实践创新

第一节　互联网时代高职院校创业学生德育途径

一、德育在高职学生创业意识培养中的作用

我国经济发展的新常态要求高职院校教育加强创业教育，全方位地提高学生的综合素质，培养学生创新精神。本节主要探讨德育教育在培养学生创业意识中的重要作用。

（一）德育教育可以培养学生创业的兴趣

学生只有对创业活动具有积极的态度和浓厚的兴趣才能激发其创业的动力。而培养学生对创业实践形成比较持续的、浓厚的兴趣则是德育教育所应发挥的作用。德育教师要引导学生发现自我，找到自己的兴趣所在，培养学生形成对创业活动的兴趣及进行探索实践的兴趣。这种教育要能够贯穿于高职学生的整个学习生涯，帮助学生进行兴趣塑造，产生创业意识。

（二）德育教育可以激发学生的创业动力

学生开展创业除可以减轻社会的就业负担外，还能够促使学生在创业中实现自我价值，让学生在更大的平台上展现自身能力。因此，德育教育要激发学生对创业产生渴望的情绪，鼓励学生培养这种内心动力和实现自我的内在需要。教师还应该通过实践案例的讲解，帮助学生体会创业的内心感受，激发其

主动学习和掌握创业所需要的科学文化知识，在日常的学生生活中不断积淀内心动力，并积极寻找创业机遇。

（三）德育教育要发挥帮助学生对创业活动做好心理准备的作用

创业活动充满挑战和机遇，学生只有提前做好充分的心理准备，才能具备创业所需要的坚强意志和不畏挑战的心理承受能力。因此，高职院校的德育教育要在培养学生情商方面发挥重要作用，培养学生建立正确的价值观，对世界形成客观的认识，并且培养学生的合作精神和自律精神。通过德育教育，帮助学生形成强大的心理积淀，能够独立面对困难，勇于迎接挑战，能够以积极进取的乐观主义精神面对创业遭遇的挫折。

（四）德育教育可以塑造学生的人格

德育教育在塑造学生人格方面具有重要作用。创业活动需要学生具有创新性思维和开放性精神，这都属于非智力因素，是形成积极人格的重要因素。高职德育教育要转变教育思想，以学生为创业意识教育的主体，挖掘学生所具备的潜能，培养学生的创新思想，让创新思维深入学生的内心，内化为学生自我意识的一部分，帮助学生实现自身的发展。

（五）德育教育可以提高学生在创业中的道德情操

创业要符合社会的道德要求，而培养学生养成正确的道德情操正是德育教育所能发挥的巨大作用。创业强调诚信，这是良好社会行为和风俗的基本要求，任何创业活动都要在这一道德底线内开展。德育教育要发挥培养学生思想品德的作用，帮助学生明确道德规范的要求，培养创业所需要的品德，如认真负责、诚实守信、勤劳勇敢等，帮助学生树立正确的道德观念，成为合格的新时期人才。

在经济新常态的新形势下，高职院校的创业意识培养是人才养成的重要组成部分。但创业意识不仅来自学生对必要科学文化知识的掌握，更要求高职院校发挥德育教育的重要作用，培养学生的创新思想和开拓精神，树立正确的人生观、价值观和世界观，养成良好的诚信意识，具备高尚的道德情操，为我国的现代化建设培养更多的合格人才。

二、构建高职德育与创业教育相结合的教育体系

（一）高职院校创业教育与德育教育有机结合的意义

以高职院校大学生素质教育为切入点，结合时代特色，通过德育教育的改革与创新，以创业教育为载体，实施德育教育与创业教育的有机结合，构建和完善高职院校创业教育体系，达到全面提升高职学生的综合就业竞争能力。

创业教育的最终目标是要把学生培养成为社会实践活动的主体，这与德育强调受教育者的主体性，开发受教育者的健康人格不谋而合。因此从当前高职学生的个性特点出发，把学生创业教育与思想品德教育有机结合起来，有助于高职院校更好地满足大学生不同层次的精神需求，提高高职院校创业教育的针对性和实效性，对于缓解当前的就业压力有非常重要的现实意义。

（二）构建高职院校德育与创业教育相结合的教育体系

1. 高职院校学生的基础特点

许多高职学生有自卑感，学习目的不明确，学习动力不足，尤其是学习理论知识的兴趣不足。缺少职业生涯规划意识，缺乏全面的自我认知和环境认知，社会经验缺乏，对就业形势认识不清，对未来工作要求的能力和素质没有明确概念，没有主动锻炼和提升的意识。因此，高职院校不应开展仅以单纯的知识理论为中心的课程学习和应试教育。高职学生的形象思维能力较强，参与课堂活动的积极性较高。因此，高职院校应使学生在"学中做""做中学""学后做""做后学"，培养其成为适应生产、建设、管理和服务一线

需要的高技能人才。

2. 高职院校应构建德育与创业教育相结合的教育体系

高职院校要定期组织学生参加适当的企业实习和社会实践活动，帮助他们认识社会、了解国情、增强学生的社会责任感。而在高职院校加强创业教育，还能缓解高职学生的就业压力。所以高职院校构建德育与创业教育相结合的教育体系势在必行。高职院校德育教育只有与创业教育相结合，才能将当代高职院校学生培养成社会需要的全面发展的创新型人才。

构建高职院校德育与创业教育相结合的教育体系，具体体现在高职院校学生创业教育的方向与应掌握的知识和能力等，其标志着应当培养学生具备怎样的知识架构和能力架构，这也是进行创业教育的依据，是实现高职院校德育与创业教育有机结合目标的一个重要保证。同时，在德育教育过程中得到较好的渗透与加强，才能在高职院校培养有胆有识的、适应市场竞争要求的创业者，才能既为社会创造财富又能为社会创造更多的就业机会。对学生进行创业教育，将是解决高职业院校毕业生就业问题的重要举措。

（三）高职院校实施德育与创业教育的方法与途径

1. 课堂教学是德育与创业教育的实施载体

高职院校学生德育与创业教育的实施载体是课堂教学的内容和体系，必须充分利用课堂教学的作用才能将德育与创业教育落到实处，坚持"基础与应用相结合，理论与实践相结合、知识与养成相结合"的原则进行课程建设。

简化精讲高深的理论研究，注重与实际紧密相关的社会能力、职业能力等素质培养，在课堂教学中安排学生把德育与创业的内容加入实践、实训、调研乃至与科研项目结合，真正把立足点放到实际应用上，又能直接服务于应用能力的培养，达到学以致用的目的。

课程的设置应在教育内容上进行延伸和拓宽，并组织任课教师编写相关的教材。教材内容应包括传统美德、创新精神、职业理想、职业道德、创业素质、创业能力、创业知识等。并以创业教育为立足点，结合创业知识讲授相关的企业经营管理知识、国家政策和法律法规，通过课堂的德育与创业教育，提高学生的道德品质和创业技能，同时结合不同的专业课教学，通过整合、实践和强化的手段，加强学生创业意识的训练和养成。为配合创业教育的进行，课堂教学可以以创业设计为主线，优化课程体系，择优配备指导教师，合理安排教学内容，选择教学方法，组织教学实践。

2. 创业实践活动是德育与创业教育的具体途径

高职院校要以创业实践活动为媒介，一方面组织学生深入考察一些企业的创业历程和运作情况，与创业成功人士进行职场访谈，以了解创业者的创业构思，让学生在真实的企业环境中体会创业的艰辛、感受创业的艰苦历程，克服追求安逸，贪图享受的惰性思想。这对于学生来说，是一次很好的德育实践课。另一方面学校要建立创业实践活动基地，为高职学生提供创业演练的平台。同时学校可以针对不同专业开展"创业实践周"的教学活动。通过"创业设计"让学生将所学的专业理论知识综合运用于模拟创业项目的全过程，以此来达到全面提升学生的职业能力和职业综合素质的目的。

为了激发学生参与创业活动的热情，可以给学生打造一个展示创业和才华的实践舞台，学校可以定期举办创业设计大赛，让学生在创业实践活动中接受教育，并为今后的个人发展打下坚实的基础。

综上所述，从高职院校德育和创业教育现状入手，审视学生德育与创业教育密切联系的因素，高职院校德育在创业教学过程中的实施是十分重要的手段和途径。面对我国社会主义市场经济体制建立后，社会中出现的新形势，人才素质和社会需求间出现了新的矛盾和问题，结合复杂的社会环境，严峻的就业形势，以及高职院校德育与创业教育所面临的问题，把创业教育与德育教育相结合，探究高职院校德育在创业教育过程中实施的途径与方法，提高创业教育与思想教育的科学性、针对性、实效性。

第二节 大众化教育背景下高职院校德育方法创新

一、大众化教育与高职院校德育教育

20世纪90年代以来，高职院校在中国迅速崛起并立即融入中国高等教育大众化的潮流之中。在教育大众化的背景下，高职教育面临着许多新的挑战，高职院校的德育问题也变得十分突出。这里的教育大众化特指高等教育大众化及其在高职教育中的特殊表现。教育大众化的结果使高职教育呈现出一种典型的大众性特点，即入学条件的宽松，以及因为入学条件宽松而导致的教育对象的来源变得更加广泛。

二、大众化教育背景下的德育教育挑战

（一）生源多样性

教育大众化导致高职学生群体构成复杂，来自不同地区、不同家庭背景和社会经历的学生汇聚一堂，这要求德育工作要具备更强的包容性和适应性，以满足不同学生的需求。

第一，德育教育要增强包容性。设计和实施多元化的德育活动，确保所有学生都能找到共鸣，感受到尊重和平等。例如，通过举办多元文化节、国际交流项目，增加学生对不同文化的理解和尊重。

第二，定制化德育方案。根据不同学生的背景和需求，制订个性化的德育计划，如为农村学生提供城市适应指导，为少数民族学生提供文化适应支持。

（二）价值观念多元化

在开放的环境中，学生容易接触到各种价值观，这既有利于开阔视野，也可能导致价值取向的混乱。高职院校需要强化核心价值观教育，引导学生树立正确的世界观、人生观和价值观。

第一，强化核心价值观教育。通过思政课程、专题讲座、社会实践等多种形式，强化社会主义核心价值观的教育，帮助学生树立正确的世界观、人生观和价值观。

第二，开展价值观讨论。组织学生参与关于价值观的讨论和辩论，鼓励他们表达自己的观点，学会倾听和理解不同的声音，培养批判性思维和尊重他人观点的能力。

（三）学习动机差异

大众化教育使得学生的学习动机呈现多样化，有的学生求知欲强，有的则可能缺乏明确的学习目标。德育工作应注重激发学生内在的学习动力，帮助他们建立职业规划和人生目标。

第一，激发内在动力。高职院校通过设立奖学金、开展竞赛、提供实习机会等方式，激发学生的学习热情，让他们看到努力学习的实际回报。

第二，职业规划与指导。提供职业规划课程和咨询服务，帮助学生了解自己的兴趣和优势，设定清晰的职业目标，制订实现目标的步骤和计划。

第三，心理辅导与支持。设立心理咨询中心，为那些感到迷茫或挫败的学生提供心理支持，帮助他们克服困难，重新找到学习的动力。

第四，榜样教育。邀请成功校友、行业专家分享个人经历，展示成功路径的多样性，鼓励学生找到适合自己的学习和成长方式。

综上所述，高职院校在德育教育中需要灵活应对教育大众化带来的挑战，通过增强德育工作的包容性、针对性和实效性，促进学生的全面发展，帮助他们成长为具有社会责任感和良好职业道德的高素质技术技能人才。

三、大众化教育背景下高职院校德育方法创新策略

(一) 对传统德育方法进行现代改造

随着时代的发展，教育，特别是德育，开始从传统方法转向现代方法，但是这并不意味着传统德育方法就已经完全失效，没有价值了。这些方法其实经过了漫长的检验，有些已经成为普遍使用的经典德育方法。为了使其焕发新的活力，对其结合时代精神和学校的实际情况进行现代改造是很有必要的，这也是一项具有特殊意义的工作。但是这种改造不是随意的，更不是一种庸俗的创新，应当体现其科学性和先进性。

以说理教育法为例。传统的说理教育法把教师摆在高位上，强调教师对学生的单向控制。学生处于一个被动接受的状态，没有多少话语权。当代学校德育对说理教育的改造强调了学生话语权的重要性，强调师生的平等对话，于是一种基于传统说理教育法的新的德育方法——对话法就此诞生，甚至基于对话理论和交往理论还形成了对话德育和交往德育。对话具有深刻的教育学意义，教育理论界对这一点进行了大量的探讨。从说理教育法到对话法的转变，是一个对传统德育方法进行成功改造的典型案例。

(二) 对学校德育经验进行诠释与提炼

每所学校都在自己漫长的德育实践中形成和积累了大量的经验，这些经验是德育方法创新的重要素材。另外，每所学校也都有自己的独特的历史，都有自己的校史人物，还有自己独特的学校文化，特别是学校精神文化。这些都与学校德育有着微妙的关系。一所学校的德育如果植根于这所学校的传统，并且把自己的实践经验融入其中，那么它的德育就会带有鲜明的个性。当然要想把经验提升到一定的高度，使之变成一种科学有效的、能推广借鉴的德育理念与方法，就需要对其进行提炼与总结。这是一个从经验上升到理论、从具体上升到一般的过程。

(三) 利用信息技术进行德育方法的创新

当今时代是一个信息技术时代，信息技术对人类生活产生了巨大的影响，

人类悄然进入了"数字化生存"的时代。基于信息技术的德育方法与途径成了一个研究与探索的热点问题。

网络时代德育创新的一个重要思路正是利用网络技术本身进行创新。网络德育成为一种重要的德育模式,也是一种重要的德育方法。近年来,微博的兴起成了一个重要的互联网事件。微博是通过关注机制分享简短实时信息的广播式社交网络平台。微博使每个人都拥有一种话语机会和话语权力,每个人都可以从微博中获取大量的各类信息,同时自身也成为一个信息源。微博提供的信息是多元的、异质的。一些德育工作者敏感地发现了微博所具有的德育价值,利用微博与学生交流也成为一种新的交流方式。

第三节　校企合作背景下高职院校德育工作创新

一、校企合作与高职院校德育工作

(一) 校企合作

校企合作,顾名思义,是学校与企业建立的一种合作模式,主要是指职业学校为谋求自身发展、实现与市场接轨、提高育人质量,有针对性地为企业培养一线实用型技术人才的重要举措和人才培养模式,其目的是让学生将书本知识与企业实践有机结合,让学校和企业的设备、技术实现优势互补、资源共享,以切实提高育人的针对性和实效性,提高技能型人才的培养质量。

校企合作教育是提高学生职业素养常用的一种有效途径。它是学校和企业双方在以生存和发展为共同愿望的基础上,将技术、人才、效益结合,利用学院和企业不同的资源与环境,以培养适合生产、建设、服务、管理一线的实用型人才为主要目标的办学形式。

开展校企合作教育是由高等职业教育的特点所决定的。职业教育必须坚持校企合作，校企合作是一种注重培养质量，注重学生在校学习与企业实践，注重学校与企业资源信息共享的"双赢"模式。校企合作做到了应社会所需，是一种与市场接轨、与企业合作、实践与理论相结合的全新理念，为教育行业发展带来了一片春天。

近年来，我国高等职业教育通过借鉴国外发达国家先进的校企合作经验，积极地转变职业教育人才培养模式，使我国校企合作有了长足的发展。职业教育采用"技能+学历"的教育方法，在对学生进行技能培养的同时，也对学生进行素质教育，采用"七分实践、三分理论"的教育模式，以学生为中心，因材施教，在社会上掀起一股教育风潮。在我国，主要有以下几种以学校为主导的校企合作模式："订单式"培养模式，这种培养模式是企业根据所需人才情况，提出订单，让学校按照企业的要求对学生进行培养，校企双方共同制订教学计划，根据岗位的知识、能力、素质要求来确定培养方案；"产学合作式"培养模式，这种培养模式是企业进驻学校或者为学校提供设备，通过企业的生产与设备让学生在学校里就可以真正接触到生产过程的人才培养模式；"工学交替式"培养模式，这种模式是校企双方在长期合作过程中扬长避短、优势互补形成的一种人才培养模式，校企双方签订合作办学协议，企业为学生提供实习基地，使学生将在学校里学到的理论知识与生产实际技能相结合；"专业冠名班式"培养模式，这种模式是指用人单位与学校签订用人协议，按企业用工标准，本着学生自愿的原则，选取若干学生组成一个班级，冠以企业名称，对于冠名班的教学与管理，校企双方共同确定人才培养方案，制订教学计划，充分利用双方的有效资源，共同参与人才培养过程，实现预定的人才培养目标，最后由用人单位按照协议约定安排学生就业。

校企合作德育模式是学校在与企业合作开展实习实训、岗位培训、专业人才培养、产学研合作、工学结合等的同时，将学校和企业两种不同的教育环境和资源有效对接，充分利用好企业的育人资源，使学生实现专业技能和思想道德素质同步提高的教育方式。

（二）校企合作共建高职院校德育工作的原则

第一，高职主体、依托企业的原则。高职院校德育的重点在于人才培养和培训，学校是对学生进行系统的思想品德教育的实施主体。行业、企业是高职教育服务的主要对象，依靠其得天独厚的德育资源，对高职院校德育工作体系组建和良性运行提供支持，高职院校德育的运行基础在于校企合作、工学结合，因此行业、企业是高职院校德育工作的依托。

第二，服务企业的原则。为企业服务是高职院校德育的宗旨，也是打开校企合作大门的前提和基础，与企业合作取决于企业的需要，积极主动地满足企业的需要，合作才能成功。学校要主动深入企业调研，了解企业人才需要状况、用人标准，积极为企业开展培训，急企业之所急，始终坚持注重企业、服务企业、关心企业的发展，与企业建立友好的校企合作关系，顺利打开校企合作的大门。

第三，互惠互利、良性互动的原则。校企合作双方互利是校企合作的基础。双方不互利就谈不上合作。校企合作既不是企业对学校的单边援助，也不是学校对企业的依赖，而是通过建立一种互动的机制，达到校企双方相互影响、相互作用的目的，通过校企互动，实现德育理论与实践互补、德育理论与实践一体化。互惠互利、良性互动是建立健康稳定合作关系的原则。

第四，平等守信、资源共享的原则。企业对学校单边援助或学校对企业过分依赖的合作是不可能稳定长久的，双方只有相互理解、相互信任，才能达成互惠互利、独立良性的互动关系。建立校企之间德育资源共享的合作机制，要充分利用现有德育资源，以互利共赢、平等守信为合作基础，以培训、教学、科研和社会服务为内容，以服务为宗旨，以契约为保证，打造德育工作品牌，发挥规模效应，实现共赢。

第五，多样化、集约化原则。校企合作德育工作必须是全方位、多层次的合作，包括学校和企业的合作、学校专业系部和企业部门的合作、人力的合作、资源的合作等，应当充分挖掘校企合作共建德育的内容和形式，促使校企合作德育工作的整体功能得以实现。一方面，校企合作不能一哄而上，要突出重点；另一方面，不能走过场、图形式，要保证德育合作环节的质量，采取务实的态度。

第六，统一管理原则。校企合作共建德育是双项活动，校企双方的利益与责任必须高度统一，必须统一领导、统一管理、统一规划、统一实施、统一检查考评。只有高度统一，才能实现教与学很好地结合，实现理论与实践很好地结合，实现校企双向目标，使校方获得高就业率，使企业的人才需求得到保障。

二、校企合作背景下高职院校德育工作创新策略

（一）建设校企合作的高职院校德育工作组织机制

1. 校企合作的高职院校德育工作组织

首先，当地政府应建立以政府为主导的校企德育工作组织机构和政校企德育合作指导委员会，形成自下而上的管理体系。政校企德育合作指导委员会的主要职能是统筹当地职业教育和企业教育两种资源，发挥政府的组织优势和公共管理优势，统筹各种教育资源，优化德育环境，规划当地的校企合作，规划人才培养的目标和方向，确保校企合作德育工作的有序开展。

其次，高职院校和企业应建立由校企党政主要领导负责的德育管理委员会，形成德育工作齐抓共管、多管齐下的局面。在德育管理委员会组织中，德育工作的实施关键靠校企党政领导的决策和统筹。学校和企业可以成立德育工作办公室，作为德育管理委员会实施机构，德育工作办公室的主要职能是具体负责企业技能人才德育素质需求预测，制订具体的校企合作德育培养目标和教学计划，决定校企合作共建德育的方针、原则和方法，负责具体组织和管理校企合作中德育工作的各个环节，协调解决校企合作德育中出现的各种问题，指导合作中的德育工作持续有效地开展，保证合作中的德育工作有落实、有检查、有监督、有反馈。

最后，校企应成立学生顶岗实习督察小组。学生顶岗实习督察小组的职责是具体监督并定期上报实习生日常所做的工作及对实习生考勤、管理，定期向校企双方负责人汇报实习生工作中的思想觉悟、心理状态、工作态度、劳动纪律等动态。督察工作一定要坚持公正、公开、公平的原则。这样的组织管理体制既能充分发挥学生的主体性，又能使校企双方德育工作得到全面落实和及时反馈，既能保证校企内部在自己的系统中做到上下贯通，也能使校企之间相互衔接、相互支持，确保德育工作运转有序。

2. 校企合作的高职院校德育工作机制

第一，建立整体衔接的德育管理机制。校企德育合作指导委员会要不断加强和完善组织管理手段，建立各项规章制度，以保障组织管理系统的正常运转。相应的校企合作德育指导细则、重大事项会议决策制度、调研制度、监察制度、信息通报反馈制度、奖惩制度等要在指导委员会的统一领导下统一建立起来，保证委员会职能的充分发挥。通过调研校企双方实际及其合作状况，政府制定出具体的校企合作德育指导意见，确立校企合作德育的运行机制和组织管理模式，细化企业、学校在德育合作中的责任、权利和义务充分使用政府投入和政府激励两种手段，调动学校和企业的积极性，推动校企德育合作的健康发展。委员会要充分发挥政、行、企等社会各方在学校办学过程中的作用，深化校企合作、工学结合办学模式改革，吸引行业协会的企业家、技术能手、行业专家参与学校的发展规划制订、专业标准课程体系优化、人才培养模式改革等。要借助大型企业的项目、设备、人员及其他资源优势，探索并实践校企一线人员互聘、轮岗、教学实践组织、薪酬与激励等组织形式与管理保障机制建设。这对增强学校办学活力、提高教学质量和办学效益、更好地发挥学校为社会发展服务的功能很有效果。

第二，建立校企合作的德育目标管理机制。目标管理是使德育工作实施由软变硬、由虚变实，系统化、科学化的首要内容。校企合作中的德育目标管理应着力解决好职责、分工的问题，应当把德育工作目标分解到校企各个工作部门和有关人员身上，明确校企德育组织机构中各类人员在德育工作中的职责，充分调动和发挥各个方面的德育积极性，构成一个相互制约的工作责任制体系，使校企各部门和人员能依自身职责，从不同角度，以不同方式开展工作，形成全方位、全过程、全员育人的新格局，最终实现德育工作的总目标。为此，校企双方应明确德育目标，协商制订德育计划，制定德育实施方案和德育工作管理条例，确定德育工作的组织领导，落实德育工作的要求、内容、方法，使德育管理职责分明、范围清晰、奖惩严明，通过推行目标管理给各部门和有关人员以定性与定量相结合的工作目标，做到管理有据、管理有力、管理有恒、管理有效，有利于发挥校企合作德育效能，保证德育工作总目标的逐步实现。

第三，建立德育保障和激励机制。保障机制是指为了实现德育目标而加强硬件建设，以及人力、经费和物质保障等。激励机制是指激发和促进德育目标实现的一切办法、手段、环节等。为保证校企合作德育管理体系的正常运行，一方面，要加强德育师资队伍建设，重点是专职德育工作队伍的建设，要不断充实新生力量，着力提高现有人员的工作能力和业务水平，同时，努力建设一支专兼结合、功能互补、政治坚定、业务精湛的德育师资队伍，不断优化队伍结构。另一方面，加大德育的经费投入并提供物质保障。德育经费应列入预算，保证经常性德育教学工作、大型宣传教育活动、理论研究和实践调研、队伍培训和表彰奖励等所需经费，要不断改善办学条件，充实校园文化活动的设施和资源，美化、优化环境。

第四，健全德育反馈机制。健全有效的信息反馈机制是校企合作德育运行过程畅通的基础。根据在合作中各自的德育职责和实施情况，校企双方要建立以实习生思想动态变化和实习生、毕业生主要优秀事迹等为内容的实习生德育管理档案，并将德育管理档案作为校企德育工作交流考核和评价的重要依据。德育督查小组应充分发挥桥梁作用，做到德育信息定期上报和校企双方定期交流，确保德育工作系统中信息畅通。德育工作者通过对大量反馈信息的分析研究，及时提出德育工作中存在的问题和对德育工作加以改进的意见，真正提高在校企合作中德育工作的实效性。

第五，完善德育评估和考核机制。建立有效的德育评估和考核机制，将德育质量与教育主体的切身利益挂钩，能真正提高德育的权威性和德育的实效性。校企要协商建立和完善德育工作的评估制度，将德育合作过程控制和目标管理统一起来。同时，建立科学有效的德育工作考核机制，加强具有政策导向功能的人事管理工作。师德师风、生产育人是考核指标体系中一项重要的考核指标，应将学校教师和企业指导教师工作纳入个人和部门考核中。要在制度上保证德育的应有地位，还应出台科学、完整的德育效果评价鉴定制度和现实可行的学生德育评价办法，并将其作为学生考核和学分管理体系中的一项重要制度。

（二）整合校企合作的高职院校德育文化资源

在德育文化体系建设中，高职院校可以着重利用企业文化潜移默化的教育功能，来构建德育文化体系。可以将企业文化建设纳入德育体系，挖掘学院为企业办学的特点，实现德育的企业化、社会化特点，坚持把企业文化渗透校园文化建设，进而形成校企共同办学、共同培养人才的文化，实现校园文化与企业文化的无缝融合，推动高职院校与企业的可持续性合作。

1. 充分利用企业文化资源开展德育工作

高职院校应将职业素质教育纳入专业教学计划，实现每一年级的每一学期都有配套的职业素质教育方案。通过教学进程中的实践性、职业性环节，巩固教育成效；通过实行毕业证与职业素质认证证书双证融通的培养模式，强化德育中职业素质的效果；通过情境教学、工学结合的人才培养模式，以及"产业—企业—专业"校企合作共建的专业建设模式，实现学校教育与企业教育的对接。具体做法有以下几点。

（1）在校企合作背景下，应该充分发挥校企两种德育资源的优势，实现优势互补。学校的思想政治教育工作者和德育教师可以深入企业，了解企业的制度、管理及文化，以便在学校开展针对性教育，充分利用企业德育资源，培养高素质人才。学校可在学生实习、实训期间，对其开展职业道德、职业纪律、企业文化等方面的教育，同时严格按照企业的制度和管理模式要求学生，把学生转变为"准职业人"。企业也可利用学校的人才优势，帮助企业设计企业文化，开展思想政治教育活动。

（2）模拟企业情境进行学生日常管理，使德育教育包含企业文化内容。培养学生的团队意识，引导学生逐步接受、适应职场化人际关系，真正做到：学生是员工，但不完全是员工；教室是车间，但不完全是车间；教师是师傅，但不仅仅是师傅；校长是企业家，但不完全是企业家。以企业方式管理学生，引导学生适应职场化关系。

（3）将企业文化融入日常教学中，实现职业道德教育常规化。德育是一项长期的工作，教师必须在日常教学中不断对高职学生施加影响，培养和强化高职学生的职业道德，做到职业道德教育日常化。而课堂教育是日常化教育的重要手段。这就要求教师在课堂教学中要以价值观为核心，在教学中渗透企业文化内容。教师要规范学生的日常生活行为，使学生严格执行按时熄灯，按时就寝，不迟到、不早退的规章制度，增强学生对学校纪律的认同感，使他们自觉养成严谨的学习生活习惯，以适应现代企业对员工的纪律要求。

（4）营造学习职业道德模范的氛围，做到职业道德教育典型化。通过职业素质典型评选活动、评优评先等活动，挖掘学院师生职业道德先进典型。充分发挥宣传窗、黑板报、图书馆、阅报栏、校园网、广播站、校园电视台等宣传阵地的作用，大力宣扬职业模范的事迹和精神。

（5）利用校企合作、校外实训、社会实践等体验活动，实现职业道德教育的体验化。高职职业文化氛围的营造是一种强调实践先于理论的文化开拓，必须从高职人才培养全过程、全细节中，全方位地在职业教育实践中激活全体师生的职业素养。高职院校要将这种职业化的文化应用于学生德育教育中，就必须通过校企合作培养、校外实训、社会实践等载体，运用实践体验的教育形式，实现职业文化潜移默化的作用。同时，高职院校也可以在校园内通过制度建设、素质拓展团体训练、开展质量管理、工学训练业绩竞赛、模拟职业面试、职业生涯规划、高职学生创业竞赛、校企订单学生成果汇报演出等具有企业化特征的社会性校园活动，让高职学生可以体验到校园之外的职业文化生活。

2. 深入挖掘校园文化资源，促进德育工作

（1）通过环境文化建设，培养学生的环境意识，实现环境净化心灵的德育效果。人是社会环境的产物，特定的校园文化环境是教育人、塑造人的重要条件。良好的育人环境在无形中规范和引导着学生的行为方向与价值选择，激发广大学生蓬勃向上的精神追求。通过环境文化建设，实现环境育人、环境感人、环境熏陶人的德育教育效果，将良好的环境营造与学生良好的日常行为规范教育结合起来，实现环境净化心灵的德育效果。自然环境陶冶学生爱护环境、注重言行的情操。学校的建筑、设施、装饰、雕塑、景点，以及一草一木、一砖一瓦、一情一景，都能够陶冶学生的品性和心理，让他们在美观、优雅和文化内涵丰富的环境中，养成健全的人格和高尚的品德。校园景点文化建设是环境育人的重要手段，校园景点更是学校在高速发展中显示文化底蕴的历史见证。

（2）通过制度文化建设，形成德育教育的制度化管理氛围。制度文化主要指学校的人事、干部、教学、分配、学籍等管理制度、规章与纪律，以及保证学校正常运行的群体行为规范、组织形态、习俗等方面所建构的激励环境与倡导氛围。高职院校通过制度文化建设形成德育教育的制度化管理氛围，从而培养学生行为有礼貌、做事有规矩。

首先，利用以 ISO 9001 质量管理体系为主体的精细化管理，强化学生的行为规范，培养学生严谨的工作习惯。在高职院校教学与行政管理上引进企业先进的 ISO9 001 质量管理体系，是一个高等职业教育可持续发展的、值得探索的有效途径。以确保学校每一个管理层和工作环节的准确性和高效性，从而提高人才培养的质量，使学生、家长和用人单位对学校的人才培养质量产生安全感和信任感。

其次，建立和完善师德考评制度，培育校园教书育人的浓厚氛围。高职院校大力倡导教风，鼓励和引导教职员工自觉在道德品质、政治思想、学识教风

上率先垂范，弘德精业，正己立人，为人师表；建立和完善师德考评制度、激励与约束机制，把教职员工的道德自律和有关制度的外在约束结合起来，引导教职工德才兼修，保证师德建设的时效性和长期性，评选先进，树立典型，加强宣传，提供示范；对违反职业道德的教职工予以及时处理，以严肃教风，净化师德环境。通过全体教职工的爱岗敬业精神，影响学生的行为，从而促进学生进步发展。

再次，建立和完善学生管理制度、学生组织规范、学生行为规范和各类规章制度，充分发挥制度文化在育人和高雅行为养成中的功能。做到既约束人又激励人，既依法治校又以德治校，真正贯彻实施一种尊重、理解和关心人的人性化管理制度。高职院校要大力开展各类渗透人文关怀的活动，通过开展各类竞赛活动和奖励活动，激励学生更加发奋学习、勤勉工作。要完善和健全以人为本的学生管理文件体系，在校园内创造一种良好的制度环境和文化氛围，积极地影响、熏陶、启迪，甚至要求、规范、教育学生积极追求人生真谛，为学生实现自我价值、完善美好人格创造条件。所以，高职院校要设置好人性化的制度，始终将学生的未来放在首位，才能使高职制度文化拥有灵活性和生命力。

最后，加强后勤制度建设，让服务育人贯穿后勤管理始终。加强后勤制度建设，完善各项管理制度，不断制定、修改、完善切合实情、易操作、行之有效的规章制度。学校后勤改革需要不断深化，服务育人工作更需要不断改进。只有后勤工作者不懈努力，积极探索后勤服务育人工作，才能更有效地发挥自己的职能。

（3）通过行为文化建设，形成德育的行为指南。校园行为文化是一种具有科学性、生动性、严肃性、主导性的文化，具有德育资源整合和导向的功能。校园行为文化通过社会实践、文体、普法宣传、扶贫济困等活动，帮助师生员工形成正确的价值取向、严谨的治学精神、自觉的行为规范、高雅的行为方式。所以，高职院校应大力加强校园行为文化的建设，着力营造朝气蓬勃、积极向上的氛围和诚实守信、文明礼让的风气。

第一，学生通过行为文化建设增强参与活动与组织活动的能力。在校园文化建设实践中，学生既是校园文化建设的主力军，又是行为主体，是校园文化的参与者和组织者。学校发挥学生的主体作用，让他们在校园文化实践中正确地认识自我和评价自我，激发他们参与校园文化建设的创造性和积极性，对广大学生的成长具有非常重要的意义。丰富多彩的校园文化既可以培养学生的兴趣特长和创造能力，提高学生的动手能力，使其掌握多种技能，树立热爱劳动的观念，还可以磨炼学生的意志，提高学生的组织管理能力，为其以后走向社会奠定坚实的基础。校园文化建设的终极目标就在于创造一种氛围，以期陶冶学生的情操，构建学生的健康人格，全面提高学生的素质。

第二，学生通过行为文化建设培养健康的体魄和健全的心理。高职教育要加强对学生技能行为、智能行为、体能行为和道德行为的教育。在加强爱国主义教育和集体主义教育的同时，也不能忽视学生的健康教育。通过校运会和各种体育竞赛活动培养学生对体育运动的热爱，还可通过各种形式的实践活动，开启学生的智能和提高学生的生存技能，使之快速适应社会。

第三，学生通过行为文化建设掌握与人沟通交往的正确方法。高职院校培养的是高级技能型人才，实践教学、顶岗实习、半工半读是高职特色的重要表现形式，也是高职行为文化的有机组成部分。随着科学技术更新与发展的不断加快，高职院校应将学生的沟通能力、心理适应能力、人际交往能力、信息获取与处理能力等跨职业行为能力的培养纳入高职特色行为文化建设体系中，因为这涉及学生的可持续发展问题。

第四，学生通过行为文化建设提高自我防范意识。人的需要是多重的，在人的需要体系中，安全需要处在十分基础的地位，构成了其他各种高层次需要的前提。在高职校园行为文化建设中，师生必须提高自我安全防范意识。校园安全措施得力，师生自我安全防范意识强，是广大教师和学生正常学习、生活的重要保障。因此，在行为文化建设中，学校要构建符合校园特色的网络化校园安全防范体系，倡导"校园安全大家共同建设"的理念，促使大家关心校园安全建设，共同维护良好的校园秩序，维护校园的安宁。

高职院校德育课程教学改革与实践

第五,通过教师日常职业行为规范影响学生。教师职业行为是指教师在思想、观念和行为方式上所具有的、深刻而稳定的内在规定性。教师的一言一行对学生有着不可忽视的影响。俗话说,"名师出高徒",学校需要的名师不仅要学富五车、教学有方,更要师德高尚,传道、授业与解惑并举。教师的言行直接影响着学生的德育教育效果。

(三)创新校企合作的高职院校德育工作方法和途径

在校企合作过程中,要将德育工作从学校延伸到企业中,构建新的德育途径和方法,完成德育知识与道德行为的衔接,达到巩固并延伸学校德育工作的成效。

1. 不断加强德育理论课教学

思想政治理论课是开展德育工作的主要途径。其一,高职院校迫切需要加大思想政治理论课教学,肯定其在课程设置中的重要地位,增加对学生思想政治理论课的教育投入和重视的力度,改善教学科研条件,统一各职能部门的思想。其二,改革思想政治理论课教学,鼓励教师积极开展课程研究,对教学手段进行创新和研究,遵循课堂教学贴近学生、贴近实际生活、贴近社会现实的原则,提高思想政治教育理论课的针对性和实效性。其三,学校和企业要充分利用校内课堂和企业课堂,将思想道德教育贯穿人才培养的全过程,如在校内课堂教学期间,学校要根据企业需要开设方向性课程,调整德育的内容。学校应带领学生去企业参观,学习不同行业的不同职业道德标准和要求,强化学生的道德意识和观念,促使学生在实践中有所感悟,形成自己的认识。其四,加强法治教育,通过讨论、案例分析等方法强化法律意识。企业应利用企业文化对实习生进行道德教育,随时与学校沟通,将毕业生、实习生的表现及时反馈回学校,以便学校调整教育内容和方式方法。

2. 充分发挥学生党团组织的作用

积极开展党团活动,充分发挥党团组织和学生组织在德育中的重要作用。同时,还要发挥学生会的桥梁和纽带作用,积极开展生动有效的德育工作。对入党积极分子注重早期培养,发挥他们在校园文明建设中的标杆作用。高职院校组织学生党员、入党积极分子进行社会实践,使其在各种实践中自觉地将道德理论、道德情感转化为道德行为,巩固和加强教育成果,使素质教育更加深入。要善于发现和树立先进典型,鼓舞和引导学生培养良好的道德品质,形成正确的价值取向,以榜样的力量影响学生。

3. 深入开展学生社团活动

学生社团是以共同的观念、兴趣、爱好、目标为基础而自发组成的学生组织。社团的群众性特点决定了社团对于造就和培养新时期全面发展的优秀人才有着不可替代的优势,能更好地加强德育工作的效果。社团活动是突出德育主体性特征最好的载体。在校企合作中,高职院校要加强社团工作建设,引导学生社团健康、自主发展。学校要擅长开展形式多样的社会实践活动和主题教育活动,用学生喜闻乐见的方式提高他们对纪律制度的接受度,让学生在丰富多彩的德育实践活动中亲自体验和感悟,促进学生的行为由他律向自律转变。教育者不能只重视空洞的理论说教,在校企合作德育工作中,学校的道德教育要与企业相结合,组建学生社团深入企业,开展丰富多彩、积极向上的系列活动。要充分利用学院先进的体艺馆、校园广播电台、校园网,定期举办校园文化艺术节、读书节、技能节、就业节、体育节等活动,使学生活动制度化、经常化,达到活动育人的目的。

参考文献

［1］于文新．新时代高校德育的探索与创新［M］．徐州：中国矿业大学出版社，2023：9．

［2］李长平，王利梅，蒋廷阁．高校德育教育创新发展研究［M］．北京：中国商务出版社，2023：7．

［3］张香君．中国传统文化与高校德育教育研究［M］．北京：北京工业大学出版社，2023：4．

［4］宋晓宇．高校德育工作创新与发展研究［M］．北京：北京燕山出版社，2023：4．

［5］杜改芝，张艳玲，柯瑜．新时代高校德育工作改革与创新研究［M］．北京：中国纺织出版社，2023：7．

［6］崔兴军，单玉梅，岳柏冰．新时代大学生劳动教育与德育教育创新研究［M］．北京：中国商务出版社，2023：5．

［7］沈红兰，曾舒珩，白博．基于新媒体的高校德育教育创新研究［M］．北京：中国民主法制出版社，2023：5．

［8］肖兵．高校德育教育引入传统文化的策略研究［M］．北京：中国民主法制出版社，2023：5．

［9］张文杰．改革开放新时期的德育理论与实践研究［M］．西安：陕西人民出版社，2023：6．

［10］刘国富．德育工作实践之如何打造特色班级文化［M］．长春：吉林大学出版社，2023：5．

［11］苏少丹．高校德育实践研究［M］．北京：中国纺织出版社，2022：1．

［12］钟晓琳．论德育的精神性［M］．成都：四川教育出版社，2022：3．

[13] 陈建伟. 高校德育的传承与创新研究［M］. 北京：北京工业大学出版社，2022：10.

[14] 李西顺. 德育与班级管理［M］. 苏州：苏州大学出版社，2022：5.

[15] 龚磊，刘衡，段玉莹. 德育原理与互联网时代创新素养培育［M］. 汕头：汕头大学出版社，2022：12.

[16] 靖治，陈鹏悦，何红娟. 高校德育与心理健康教育研究［M］. 延吉：延边大学出版社，2022：8.

[17] 邢良. 高校德育引导与学生管理创新研究［M］. 北京：北京工业大学出版社，2022：6.

[18] 伍韬. 传统文化视角下的高校德育创新路径探究［M］. 北京：北京工业大学出版社，2022：7.

[19] 李克非，汪佐丽. 多维视角下高职院校德育教育创新策略研究［M］. 哈尔滨：北方文艺出版社，2022：4.

[20] 高凯，孟琳，王燕. 德育原理与实践［M］. 哈尔滨：东北林业大学出版社，2021：9.

[21] 陈光全. 德育课程研究之旅［M］. 武汉：湖北教育出版社，2021：1.

[22] 马华华. 高校德育的传承与创新［M］. 北京：北京工业大学出版社，2021：5.

[23] 周梅. 表现性德育的理性实践［M］. 上海：文汇出版社，2021：5.

[24] 陶芳铭. 德育教科书价值取向研究［M］. 上海：上海交通大学出版社，2021：6.

[25] 周翠. 高校美育德育的当代发展研究［M］. 北京：中国纺织出版社，2021：11.

[26] 侯天宝. 德育与思政课融合实践研究［M］. 北京：世界图书出版公司，2021：11.

[27] 冯志英. 中国传统文化德育思想研究［M］. 西安：西安交通大学出版社，2021：5.

［28］邹娟. 多元文化视角下大学生德育的创新发展［M］. 长春：吉林大学出版社，2021：7.

［29］张迪. 新时代大学生德育工作创新实践研究［M］. 汕头：汕头大学出版社，2021：12.

［30］李亚美. 互联网时代下高职院校德育和创新创业教育研究［M］. 北京：中国商务出版社，2021：4.

［31］郝云亮. 五年制高等职业教育德育工作研究［M］. 苏州：苏州大学出版社，2021：11.

［32］刘向. "三实"德育理念下的班会课［M］. 长春：吉林文史出版社，2021：8.